이규환 지음

제일어학

머리말

　일본어 학습자 여러분 안녕하세요.《작렬 新JLPT 일본어능력시험 N2 문자·어휘》저자 이규환입니다. 오늘날 세계 각지에서 일본어를 배우는 학습자 수가 급속히 증가하고 있습니다. 더욱이 해외에 있는 일본어 학습자가 그 어학력을 실제로 활용할 수 있는 기회는 점점 늘고 있습니다. 또한 습득한 일본어 능력을 객관적으로 측정하여 공식적으로 인정받는 제도를 요청하는 목소리가 일본어 학습자들 사이에 높아져 왔습니다. 국제교류기금 및 일본국제교육지원협회는 이러한 요망에 부응하기 위하여, 일본 문부성과 일본 외무부 및 주대한민국 일본대사관의 후원하에 1984년(총 15개 국가 21개 도시에서 7,998명 응시)부터 일본 국내 및 해외에서 일본어를 모국어로 하지 않는 사람을 대상으로 일본어 능력을 측정하고 인정함을 목적으로 하는 제1회 일본어능력시험을 실시하였습니다. 일본어능력시험(JLPT)은 일본 정부가 공인하는 세계 유일의 일본어 시험인 만큼 2009년에는 수험자 수가 전 세계 54개국 77만 명에 달하는 세계 최대 규모의 일본어 시험으로 발전하였습니다. 단순 일본어 능력의 평가에서 벗어나 일본의 대학, 전문대학, 전문학교, 국내 대학교의 어학특기자전형, 입사, 승진 등의 평가 지표로도 널리 활용되고 있습니다. 다양화된 수험자와 수험 목적의 변화에 발맞춰, 일본어능력시험은 지난 20여 년간 축적된 시험 결과 데이터와 시험에 관한 요망을 바탕으로 2005년 '일본어능력시험 개선에 관한 검토회'를 설치하고 많은 전문가의 협력을 얻어 2010년〈새로운 일본어능력시험(新JLPT)〉을 실시하게 되었습니다.

　2010년 7월부터 실시되고 있는 新일본어능력시험(新JLPT)은 기존의 1급-2급-3급-4급의 4단계에서 N1-N2-N3-N4-N5의 5단계로 단계가 조정되었습니다. 여기에서 뜻하는 N은 'New(신)'와 'Nihongo(일본어)'의 첫 글자인 N을 가리킵니다. 개정되면서 시험 유형 또한 변화가 있습니다. 이러한 변화된 유형에 맞춰 최대한 합격률을 높여드리고자 실전문제와 똑 같은 유형의 문제을 12회로 구성하여 수록하였습니다. 그리고 마지막에는 실전모의테스트를 실었습니다.

일본어 학습자분께서 N2 레벨을 학습하는 과정에 있어서 N2 합격은 물론이고 폭넓은 학습을 돕고자, 시험에 출제될 확률이 높거나 반드시 알아야 할 한자, 어휘, 관용구 등을 각 파트마다 고심에 고심을 거듭하여 수록하였습니다. 각 파트에 수록된 한자와 어휘들을 숙지한다면 문제를 푸는 데에는 아무런 지장이 없도록 하였습니다.

　10여 년간의 시험반 강의 노하우가 담긴 본 교재로 시행하는, 대한민국 최고의 창의적이고 흥미로운 온·오프라인 강의로 일본어 학습자 여러분께 감동과 합격을 선사할 것을 약속드립니다.

　마지막으로 출판에 도움을 주신 (도서출판) 제일어학 배경태 대표님께 이 자리를 빌려 깊은 감사를 표합니다.

이규환

新일본어능력시험 소개

1. 일본어능력시험의 목적과 실시

오늘날 세계 각지에서 일본어(日本語)를 배우는 학습자 수가 급속히 증가하고 있습니다. 더욱이 해외에 있는 일본어 학습자가 그 어학력을 실제로 활용할 수 있는 기회는 점점 늘고 있습니다. 또한 습득한 일본어 능력(日本語能力)을 객관적으로 측정하여 공식적으로 인정받는 제도를 요청하는 목소리가 일본어 학습자들 사이에 높아져 왔습니다. 국제교류기금(國際交流基金) 및 일본국제교육지원협회(日本國際敎育支援協會)는 이러한 요망에 부응하기 위하여 1984년부터 일본 국내 및 해외에서 일본어를 모국어로 하지 않는 사람을 대상으로 일본어 능력을 측정하고 인정함을 목적으로 하는 일본어능력시험을 실시하고 있습니다. 시작 당시의 수험자 수는 7,000명 정도였으나 2009년 수험자 수는 전 세계 54개국 77만 명에 달하여 세계 최대 규모의 일본어 시험으로 발전했습니다. 다양화된 수험자와 수험 목적의 변화에 발맞춰, 일본어능력시험은 지난 20여 년간 축적된 시험 결과 데이터와 시험에 관한 요망을 바탕으로 2005년 '일본어능력시험 개선에 관한 검토회'를 설치하고 많은 전문가의 협력을 얻어 2010년 새로운 〈일본어능력시험〉을 실시하게 되었습니다.

2. 개정 포인트

1) 과제 수행을 위한 언어 커뮤니케이션 능력을 측정합니다.

과제 수행을 위한 언어 커뮤니케이션 능력을 측정하는 일본어에 관한 지식과 함께, 실제로 운용할 수 있는 일본어 능력을 중시합니다. 그 때문에 문자·어휘·문법이라고 하는 언어 지식과 그 언어 지식을 이용해 커뮤니케이션상의 과제를 수행하는 능력을 측정합니다.

2) 레벨이 4단계에서 5단계로 늘어났습니다.

레벨이 예전 시험의 4단계(1급, 2급, 3급, 4급)에서 5단계(N1, N2, N3, N4, N5)로 늘어났습니다. 새로운 시험의 레벨과 예전 시험의 레벨을 비교해 보면 다음과 같습니다.

N1	예전 시험의 1급보다 약간 높은 레벨입니다. 합격선은 예전 시험과 거의 같습니다. 폭넓은 장면에서 사용되는 일본어를 이해할 수 있어야 합니다.
N2	예전 시험의 2급과 거의 같은 레벨입니다. 일상적인 장면에서 사용되는 일본어의 이해를 넘어서 더 폭넓은 장면에서 사용되는 일본어를 어느 정도 이해할 수 있어야 합니다.
N3	예전 시험의 2급과 3급 사이의 레벨입니다. 일상적인 장면에서 사용되는 일본어를 어느 정도 이해할 수 있어야 합니다. (신설)
N4	예전 시험의 3급과 거의 같은 레벨입니다. 기본적인 일본어를 거의 이해할 수 있어야 합니다.
N5	예전 시험의 4급과 거의 같은 레벨입니다. 기본적인 일본어를 어느 정도 이해할 수 있어야 합니다.

* N은 「Nihongo(일본어)」, 「New(새롭다)」를 나타냅니다.

3) 1년에 2회 실시

新일본어능력시험은 7월 첫째 주 일요일과 12월 첫째 주 일요일로 정해져 있습니다.

4) 합격점 이상만 받으면 합격하였던 절대평가 방식과 달리 시험 난이도에 따라 합격점 기준이 변하는 상대평가 방식으로 바뀌었습니다.

5) 청해의 비중이 예전 25%에서 33.3%로 높아졌습니다.

6) 과목낙제(과락)가 신설되어, 각 과목의 득점 구분에서 기준점 이상을 받아야 합격입니다.

3. 시험 과목과 시험 시간

각 레벨의 시험 과목과 시험 시간은 다음과 같습니다.

레벨	시험 과목(시험 시간)		
N1	언어지식(문자, 어휘, 문법), 독해 (110분)		청해 (60분)
N2	언어지식(문자, 어휘, 문법), 독해 (105분)		청해 (50분)
N3	언어지식(문자, 어휘) (30분)	언어지식(문법), 독해 (70분)	청해 (40분)
N4	언어지식(문자, 어휘) (30분)	언어지식(문법), 독해 (60분)	청해 (35분)
N5	언어지식(문자, 어휘) (25분)	언어지식(문법), 독해 (50분)	청해 (30분)

* 시험 시간은 변경되는 경우도 있습니다. 청해는 시험 문제 녹음의 길이에 따라 시험 시간이 바뀝니다.

N1과 N2의 시험 과목은 ①「언어지식(문자, 어휘, 문법)·독해」, ②「청해」의 두 과목입니다. N3, N4, N5의 시험 과목은 ①「언어지식(문자, 어휘)」, ②「언어지식(문법)·독해」, ③「청해」의 세 과목입니다.

4. 시험 결과

1) 시험 결과의 표시

각 레벨의 득점 구분과 득점 범위는 다음과 같습니다.

레벨	득점 구분	득점 범위
N1	언어지식(문자, 어휘, 문법)	0~60
	독해	0~60
	청해	0~60
	종합득점	0~180
N2	언어지식(문자, 어휘, 문법)	0~60
	독해	0~60
	청해	0~60
	종합득점	0~180
N3	언어지식(문자, 어휘, 문법)	0~60
	독해	0~60
	청해	0~60
	종합득점	0~180
N4	언어지식(문자, 어휘, 문법), 독해	0~120
	청해	0~60
	종합득점	0~180
N5	언어지식(문자, 어휘, 문법), 독해	0~120
	청해	0~60
	종합득점	0~180

N1, N2, N3의 득점 구분은 ①언어지식(문자, 어휘, 문법), ②독해, ③청해의 3구분입니다.

N4, N5의 득점 구분은 ①언어지식(문자, 어휘, 문법), 독해, ②청해의 2구분입니다.

2) 합격·불합격의 판정기준

종합득점과 각 득점 구분의 기준점 두 개에서 합격 여부가 판정됩니다. 기준점이란, 각 득점 구분으로 적어도 이 이상은 필요하다고 하는 득점입니다. 득점 구분의 득점이 하나라도 기준점에 이르지 못하면, 종합득점이 아무리 높아도 불합격 처리됩니다. 각 득점 구분에 기준점을 두는 것은 학습자의 일본어 능력을 종합적으로 평가하기 위함입니다.

레벨	합격점	기준점		
		언어지식	독해	청해
N1	100	19	19	19
N2	90	19	19	19
N3	95	19	19	19
N4	90	38		19
N5	80	38		19

5. 문제의 구성

각 레벨에서 출제되는 문제의 구성과 문항 수는 다음과 같습니다.

시험 과목		문제의 종류	문항 수 ※				
			N1	N2	N3	N4	N5
언어지식·독해	문자·어휘	한자 읽기	6	5	8	9	12
		한자 표기	–	5	6	6	8
		어형성	–	5	–	–	–
		문맥 규정	7	7	11	10	10
		유의어로 바꾸기	6	5	5	5	5
		용법	6	5	5	5	–
		문항 수 합계	25	32	35	35	35
	문법	문의 문법1(문법형식의 판단)	10	12	13	15	16
		문의 문법2(문장 어순 완성)	5	5	5	5	5
		문장의 문법	5	5	5	5	5
		문항 수 합계	20	22	23	25	26
	독해	내용 이해 (단문)	4	5	4	4	3
		내용 이해 (중문)	9	9	6	4	2
		내용 이해 (장문)	4	–	4	–	–
		종합 이해	3	2	–	–	–
		주장 이해 (장문)	4	3	–	–	–
		정보 검색	2	2	2	2	1
		문항 수 합계	26	21	16	10	6
청해		과제 이해	6	5	6	8	7
		포인트 이해	7	6	6	7	6
		개요 이해	6	5	3	–	–
		발화 이해	–	–	4	5	5
		즉시 응답	14	12	9	8	6
		종합 이해	4	4	–	–	–
		문항 수 합계	37	32	28	28	24

※ 문항 수는 매회 시험에서 출제되는 기준으로, 실제 출제 수는 다소 다를 수도 있습니다.

교재의 구성과 공부법

❶ 한자 읽기
　밑줄 친 한자의 음 또는 훈 읽는 법을 묻는 문제로 주로 명사, 형용사, 동사가 출제되며, 간혹 부사나 접속사가 출제되는 경우도 있습니다. 그 한자가 지닌 음과 훈의 읽는 법을 정확히 숙지해야 합니다.

❷ 한자 표기
　밑줄 친 히라가나의 한자를 묻는 문제로 주로 명사, 형용사, 동사가 출제되며 간혹 부사나 접속사가 출제되는 경우도 있습니다. 보기에 부수만 다른 비슷한 한자들이 등장하므로 비슷한 한자를 시리즈별로 묶어서 학습을 해야만 정답을 쉽게 고를 수 있습니다.

❸ 어형성
　하나의 어휘의 일부를 묻는 문제로 주로 접두어, 접미어, 복합동사, 조수사가 출제되며, 간혹 관용구가 출제되는 경우도 있습니다. 접두어와 접미어의 경우, 한자권에서는 쉽게 맞출 수 있는 문제들이 출제되므로 복합동사에 주의해서 체크해 둘 필요가 있습니다.

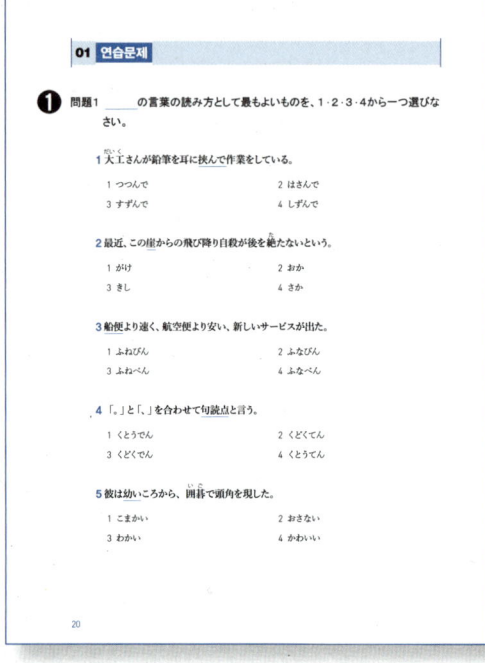

❹ 문맥규정
　문맥상 적절한 어휘를 묻는 문제로 명사, 형용사, 동사, 부사, 접속사 등 다양한 품사가 출제되고 있습니다.

❺ 유의어로 바꾸기
　밑줄 친 어휘와 가장 가까운 뜻을 묻는 문제로 보기 중에서 의미가 가장 가까운 것을 고르면 되는 문제입니다. 그러므로 밑줄과 보기의 뜻이 100% 일치하지 않는 경우도 있습니다. 명사, 형용사, 동사, 부사, 접속사 등 다양한 품사가 출제되고 있습니다.

❻ 용법
　주어진 어휘의 사용법으로서 가장 올바른 것이 무엇인지를 묻는 문제로 명사, 형용사, 부사, 접속사 등 다양한 품사가 출제되고 있으며, 간혹 문법이 출제되는 경우도 있습니다. 많은 예문을 통해서 그 어휘의 정확한 사용법을 감각으로 익히셔야 합니다.

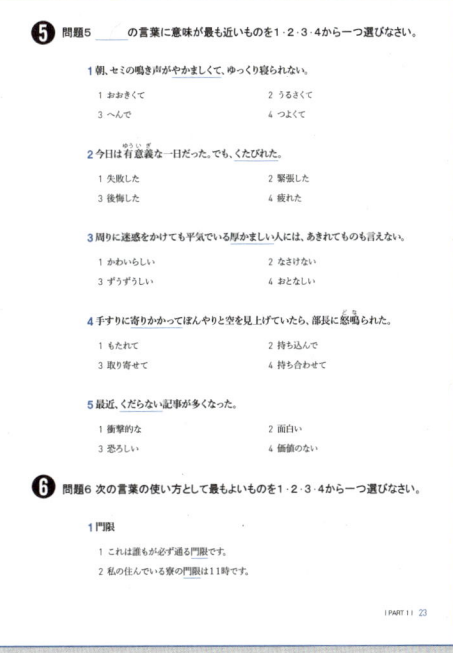

머리말	3
新일본어능력시험 소개	5
교재의 구성과 공부법	10

| PART 1 |

동사	15
음독 명사	16
훈독 명사	17
い형용사	18
な형용사	18
부사 or 접속사	18
カタカナ	19
관용구	19
01 연습문제	20

| PART 2 |

동사	26
음독 명사	27
훈독 명사	28
い형용사	28
な형용사	29
부사 or 접속사	29
カタカナ	30
관용구	30
02 연습문제	31

| PART 3 |

동사	36
음독 명사	37
훈독 명사	38
い형용사	39
な형용사	39
부사 or 접속사	39
カタカナ	40
관용구	40
03 연습문제	41

| PART 4 |

동사	47
음독 명사	48
훈독 명사	49
い형용사	49
な형용사	50
부사 or 접속사	50
カタカナ	51
관용구	51
04 연습문제	52

| PART 5 |

동사	58
음독 명사	59
훈독명사	60
い형용사	61
な형용사	61
부사 or 접속사	61
カタカナ	62
관용구	62
05 연습문제	63

| PART 6 |

동사	69
음독 명사	70
훈독 명사	71
い형용사	72
な형용사	72
부사 or 접속사	72
カタカナ	73
관용구	73
06 연습문제	74

| PART 7 |

동사	80
음독 명사	81
훈독 명사	82
い형용사	83
な형용사	83
부사 or 접속사	83
カタカナ	84
관용구	84
07 연습문제	85

| PART 8 |

동사	90
음독 명사	91
훈독 명사	92
い형용사	93
な형용사	93
부사 or 접속사	93
カタカナ	94
관용구	94
08 연습문제	95

| PART 9 |

동사	101
음독 명사	102
훈독 명사	103
い형용사	103
な형용사	104
부사 or 접속사	104
カタカナ	105
관용구	105
09 연습문제	106

| PART 10 |

동사	111
음독 명사	112
훈독 명사	113
い형용사	113
な형용사	114
부사 or 접속사	114
カタカナ	115
관용구	115
10 연습문제	116

| PART 11 |

동사	121
음독 명사	122
훈독 명사	123
い형용사	124
な형용사	124
부사 or 접속사	124
カタカナ	125
관용구	125
11 연습문제	126

| PART 12 |

동사	131
음독 명사	132
훈독 명사	133
い형용사	134
な형용사	134
부사 or 접속사	134
カタカナ	135
관용구	135
12 연습문제	136
• 실전 모의테스트	142
• 정 답	148

PART 1

동사

与える	(자기 것을 남에게) 주다		積む	쌓다
当てはまる	들어맞다		長引く	길어지다, 지연되다
改める	고치다, 바꾸다, 개선하다		慰める	위로하다
疑う	의심하다		悩む	고민하다
うなずく	수긍하다		憎む	미워하다
折れる	부러지다, 꺾이다		除く	없애다, 치우다 / 빼다, 제외하다
飼う	기르다		乗り越す	하차 역을 지나치다
飾る	장식하다		挟む	끼우다
くたびれる	지치다, 피로하다		張り切る	힘이 넘치다 / 의욕이 충만하다 / 아주 긴장하다
暮れる	해가 지다			
錆びる	녹슬다		迎える	맞다, 맞이하다
騒ぐ	떠들다		申し込む	(결과를 기대하면서) 신청하다
優れる	뛰어나다, 우수하다		もたれる	(난간 따위에) 기대다 / 체하다 / 트릿하다, 얹히다
耕す	(논·밭을) 갈다			
達する	도달하다		燃やす	(불)태우다 / (비유적으로) 어떤 의욕·감정을 고조시키다
費やす	소비하다			

敗れる (やぶれる) 패하다
横切る (よこぎる) 가로지르다, 횡단하다
寄り掛かる (よりかかる) 기대다

음독 명사

愛犬 (あいけん)	애견	失望 (しつぼう)	실망
圧力 (あつりょく)	압력	児童 (じどう)	아동
育児 (いくじ)	육아	承認 (しょうにん)	승인
異常 (いじょう)	이상	正面 (しょうめん)	정면
永久 (えいきゅう)	영구	推測 (すいそく)	추측
横断 (おうだん)	횡단	設備 (せつび)	설비
海賊版 (かいぞくばん)	해적판	節約 (せつやく)	절약
過剰 (かじょう)	과잉	相互 (そうご)	상호
貨物 (かもつ)	화물	装置 (そうち)	장치
観光 (かんこう)	관광	大陸 (たいりく)	대륙
記憶 (きおく)	기억	探索 (たんさく)	탐색
飢餓 (きが)	기아	地帯 (ちたい)	지대
気味 (きみ)	느낌, 기분	超過 (ちょうか)	초과
疑惑 (ぎわく)	의혹	著者 (ちょしゃ)	저자
句読点 (くとうてん)	구두점	特色 (とくしょく)	특색
県庁 (けんちょう)	현청	任務 (にんむ)	임무
構造 (こうぞう)	구조	燃料 (ねんりょう)	연료
護衛 (ごえい)	호위	納付 (のうふ)	납부

能率 のうりつ	능률		迷路 めいろ	미로
拝借 はいしゃく	삼가 빌림		門限 もんげん	폐문시간
配列 はいれつ	배열		有効 ゆうこう	유효
破壊 はかい	파괴		溶岩 ようがん	용암
発揮 はっき	발휘		用途 ようと	용도
普段 ふだん	평소, 일상		力量 りきりょう	역량
噴火 ふんか	분화		臨時 りんじ	임시
紛争 ふんそう	분쟁		倫理 りんり	윤리
塀 へい	담		流布 るふ	유포
弁解 べんかい	변명		腕力 わんりょく	완력
夢中 むちゅう	몽중, 꿈속 / 열중함, 몰두함, 정신이 없음			

훈독 명사

足元 あしもと	발밑		綱 つな	밧줄
辺り あたり	근처, 부근, 주위 / 쯤, 정도		共 とも	(동사의 ます형에 붙어) 함께, 같이, 〈접두어〉 / (복수명사에 붙어) 모두, 전부 〈접미어〉
崖 がけ	낭떠러지, 벼랑, 절벽			
型 かた	형, 틀, 거푸집		人通り ひとどお	사람의 왕래
片道 かたみち	편도		紐 ひも	끈
際 きわ	가장자리, 가 / 재능		船便 ふなびん	배편
心当たり こころあ	마음이 짚이는 데 짐작 가는 데		誇り ほこり	자랑, 긍지, 자존심
素人 しろうと	아마추어			

い형용사

浅い	얕다		頼もしい	믿음직하다
厚かましい	뻔뻔하다		だらしない	칠칠하지 못하다
幼い	어리다		鈍い	둔하다
惜しい	아깝다		眩しい	눈부시다 눈부실 정도로 아름답다
賢い	현명하다, 영리하다			
臭い	구리다, 고약한 냄새가 나다		やかましい	시끄럽다, 떠들썩하다
くだらない	시시하다, 하찮다, 쓸모없다			

な형용사

哀切	애절, 애처로움		大げさ	과장됨
曖昧	애매, 모호		気楽	속 편함, 홀가분함, 마음 편함
明らか	분명함, 명백함		豪華	호화로움
新た	새로움		密か	은밀함, 몰래 하는 모양
好い加減	알맞음, 적당함		敏感	민감함
意外	의외임		厄介	귀찮음, 성가심, 번거로움
意地悪	심술궂음, 짓궂음, 심술쟁이			

부사 or 접속사

相変わらず	변함없이, 여전히		各々	각각, 각자
いきなり	갑자기		再〜	재〜〈접두〉
一応	일단, 우선은		至急	급히, 서둘러

続々(ぞくぞく)	속속, 잇달아	ずきずき	욱신욱신
確(たし)か	확실함, 분명함 〈な〉 확실히, 분명히, 아마 〈부〉	絶(た)えず	끊임없이, 항상
うっかり	깜빡, 무심코	どっと	와, 왁자그르, 여럿이 한꺼번에 소리를 내는 모양 / 우르르, 왈칵, 사람이나 사물이 일시에 밀어닥치는 모양
うんと	(분량이 많거나 정도가 심한 모양) 많이, 매우, 훨씬		

カタカナ

アイコン	아이콘	シャッター	셔터
エネルギー	에너지	ステレオ	스테레오
コンクール	콩쿠르	マッチ	매치, 성냥 / 경기, 시합
コミュニケーション	커뮤니케이션	ランチ	런치
コンセント	콘센트		

관용구

顔(かお)が広(ひろ)い	발이 넓다, 인맥이 넓다	痛(いた)い目(め)に遭(あ)う	따끔한 맛을 보다
顔(かお)を出(だ)す	얼굴을 비치다, 모습을 나타내다	目(め)がない	매우 좋아하다
頭(あたま)を抱(かか)える	머리를 감싸쥐다, 고민하다		

01 연습문제

問題1 ＿＿＿の言葉の読み方として最もよいものを、1・2・3・4から一つ選びなさい。

1 大工(だいく)さんが鉛筆を耳に挟んで作業をしている。

1　つつんで　　　　　　　2　はさんで
3　すずんで　　　　　　　4　しずんで

2 最近、この崖からの飛び降り自殺が後を絶(た)たないという。

1　がけ　　　　　　　　　2　おか
3　きし　　　　　　　　　4　さか

3 船便より速く、航空便より安い、新しいサービスが出た。

1　ふねびん　　　　　　　2　ふなびん
3　ふねべん　　　　　　　4　ふなべん

4 「。」と「、」を合わせて句読点と言う。

1　くとうでん　　　　　　2　くどくてん
3　くどくでん　　　　　　4　くとうてん

5 彼は幼いころから、囲碁(いご)で頭角を現した。

1　こまかい　　　　　　　2　おさない
3　わかい　　　　　　　　4　かわいい

問題2 _____ の言葉を漢字で書くとき、最もよいものを1・2・3・4から一つ選びなさい。

1 帰宅すると、犬はしっぽを振りながら一番さきに私をむかえてくれる。

　　1 向えて　　　　2 迎えて　　　　3 抑えて　　　　4 印えて

2 畑をたがやして野菜の種を蒔いた。

　　1 井して　　　　2 耕して　　　　3 丼して　　　　4 囲して

3 失恋した友達をどうなぐさめたらいいか分からない。

　　1 屈めたら　　　2 掘めたら　　　3 慰めたら　　　4 尉めたら

4 梅雨の時期には、湿気が多いので押し入れの中がカビくさくなる時がある。

　　1 臭く　　　　　2 草く　　　　　3 息く　　　　　4 腐く

5 最近、親によるじどう虐待が増えているそうだ。

　　1 兄童　　　　　2 児童　　　　　3 元童　　　　　4 克童

問題3 ( )に入れるのに最もよいものを1・2・3・4から一つ選びなさい。

1 最近、偽物の海賊( )がたくさん出回っている。

　　1 坂　　　　　　2 反　　　　　　3 板　　　　　　4 版

2 電車の中で読書に夢中になっていたら、降りるべき駅を2つも乗り( )しまった。

　　1 越して　　　　2 遅れて　　　　3 換えて　　　　4 越えて

3 最近、不景気の影響で(　)働き家庭が多くなった。

　　1 同　　　　　2 共　　　　　3 伴　　　　　4 皆

4 健康に良いということで、キムチが健康食品として国際的に再(　)されている。

　　1 発見　　　　2 開発　　　　3 評価　　　　4 発行

5 今日は風邪(　)で英会話教室を休んでしまった。

　　1 ぎみ　　　　2 そう　　　　3 がち　　　　4 っぽい

問題4 (　　　)に入れるのに最もよいものを1・2・3・4から一つ選びなさい。

1 小学校の頃から(　)いた愛犬が、昨日死んでしまった。

　　1 伸ばして　　　　　　2 生やして
　　3 飼って　　　　　　　4 持って

2 若者の就職難について(　)意見を述べた。

　　1 おのおの　　　　　　2 ちかぢか
　　3 だぶだぶ　　　　　　4 ゆうゆう

3 お互いの合意点が見つけられず、交渉が(　)いる。

　　1 延長して　　　　　　2 長引いて
　　3 延期して　　　　　　4 長持ちして

4 電車の中で口を(　)開けたまま寝ている人をよく見かける。

　　1 もうしわけなく　　　2 つまらなく
　　3 せつなく　　　　　　4 だらしなく

5 子供たちはスマホゲームに（　）で、いくら呼んでも返事もしない。

　　1 最中　　　　2 集中　　　　3 夢中　　　　4 熱中

6 友達からもらった（　）のチケットが2枚あるんだけど、一緒に行く人がいないんだ。

　　1 ライブ　　　　　　　　　2 リハーサル
　　3 ミーティング　　　　　　4 ドライブ

7 レーシックを受けてからしばらくは太陽の光が（　）感じられる。

　　1 かしましく　　　　　　　2 いさましく
　　3 あわただしく　　　　　　4 まぶしく

問題5 ＿＿＿＿の言葉に意味が最も近いものを1・2・3・4から一つ選びなさい。

1 朝、セミの鳴き声がやかましくて、ゆっくり寝られない。

　　1 おおきくて　　　　　　　2 うるさくて
　　3 へんで　　　　　　　　　4 つよくて

2 今日は有意義(ゆういぎ)な一日だった。でも、くたびれた。

　　1 失敗した　　　　　　　　2 緊張した
　　3 後悔した　　　　　　　　4 疲れた

3 周りに迷惑をかけても平気でいる厚かましい人には、あきれてものも言えない。

　　1 かわいらしい　　　　　　2 なさけない
　　3 ずうずうしい　　　　　　4 おとなしい

4 手すりに寄りかかってぼんやりと空を見上げていたら、部長に怒鳴られた。

1 もたれて　　　　　　　　2 持ち込んで

3 取り寄せて　　　　　　　4 持ち合わせて

5 最近、くだらない記事が多くなった。

1 衝撃的な　　　　　　　　2 面白い

3 恐ろしい　　　　　　　　4 価値のない

問題6 次の言葉の使い方として最もよいものを1・2・3・4から一つ選びなさい。

1 門限

1 これは誰もが必ず通る門限です。

2 私の住んでいる寮の門限は11時です。

3 母は、病院に入院して食事が門限されている。

4 今すぐ出れば、終電に門限だ。

2 心当たり

1 両家の両親は2人の結婚を心当たり承諾してくれた。

2 息子がどこへ行ったのか心当たりがまったくない。

3 私はあなたがいてくれると、とても心当たりです。

4 私は彼が私を助けてくれるものと心当たりにしていた。

3 普段

1 スマートフォンの普段がどんどん進んでいる。

2 ちょっと普段が張っても長く使えるものが良い。

3 普段家にいる時は、すっぴんでいる。

4 そんな物は普段いくらぐらいしますか。

4 続々

1 延長戦に入ってから選手たちは続々と倒れてしまった。

2 オリンピックの準備が続々と進んでいる。

3 同じような手口の事件が続々と起きた。

4 閉店間際でもお客さんが続々と入ってきてお店は賑わっている。

5 燃やす

1 木村選手は引退してから子供の指導に情熱を燃やしている。

2 日焼けサロンで肌を良い色に燃やしてもらった。

3 夕食はばら肉を燃やして食べることにした。

4 ステーキはあまり燃やさないで、ミディアムにしてください。

PART 2

동사

浮く	뜨다	つぶれる	찌부러지다 파산하다, 망하다
受け持つ	담당하다, 담임하다	流れ出す	흘러나오다
得る	얻다	にらむ	노려보다
思い付く	(문득) 생각이 떠오르다	狙う	노리다
傾ける	기울이다	覗く	(좁은 틈으로) 들여다보다 엿보다
かねる	(ます형에 붙어) ~할 수 없다	ふざける	까불다, 장난치다
枯れる	(초목이) 마르다, 시들다	防ぐ	막다, 방지하다
崩れる	무너지다	振り向く	뒤돌아보다
腰掛ける	걸터앉다	迷う	길을 잃다, 헤매다 / 망설이다
こしらえる	만들다	結ぶ	묶다, 매다
しゃがむ	쭈그리고 앉다	際立つ	눈에 띄다, 재능이 뛰어나다
優れない	(기분·건강·날씨 등이) 좋지 않다	目立つ	눈에 띄다, 잘 보이다
確かめる	확인하다	よみがえる	되살아나다, 소생하다
告げる	고하다	沸かす	끓이다

음독 명사

案 (あん)	안, 생각, 의견
安静 (あんせい)	안정
委員 (いいん)	위원
位置 (いち)	위치
移転 (いてん)	이전
影響 (えいきょう)	영향
開封 (かいふう)	개봉
過失 (かしつ)	과실
乾燥 (かんそう)	건조
完了 (かんりょう)	완료
奇数 (きすう)	기수, 홀수
逆効果 (ぎゃくこうか)	역효과
傾向 (けいこう)	경향
結論 (けつろん)	결론
幸運 (こううん)	행운
高級 (こうきゅう)	고급
好人物 (こうじんぶつ)	호인물, 호인
左右 (さゆう)	좌우
司会 (しかい)	사회
支度 (したく)	준비, 채비
実現 (じつげん)	실현
種類 (しゅるい)	종류
省略 (しょうりゃく)	생략
処理 (しょり)	처리
信頼 (しんらい)	신뢰
制限 (せいげん)	제한
政治 (せいじ)	정치
晴天 (せいてん)	맑은 하늘
全般 (ぜんぱん)	전반
卒業 (そつぎょう)	졸업
損得 (そんとく)	손득, 손실과 이익
担任 (たんにん)	담임
頂点 (ちょうてん)	정점
通過 (つうか)	통과
認識 (にんしき)	인식
熱帯 (ねったい)	열대
燃焼 (ねんしょう)	연소
梅雨前線 (ばいうぜんせん)	장마전선
背景 (はいけい)	배경
背後 (はいご)	배후
破産 (はさん)	파산
夫婦 (ふうふ)	부부

物価 (ぶっか)	물가		有能 (ゆうのう)	유능
本来 (ほんらい)	본래		要旨 (ようし)	요지
万一 (まんいち)	만일		理系 (りけい)	이과 (계열)
未完成 (みかんせい)	미완성		流行 (りゅうこう)	유행
免許 (めんきょ)	면허		礼儀 (れいぎ)	예의
模様 (もよう)	모양, 무늬		零度 (れいど)	영도
優勝 (ゆうしょう)	우승			

훈독 명사

明かり (あ)	빛, 등불		小幅 (こはば)	소폭
噂 (うわさ)	소문		好き好き (すきずき)	각기 기호가 다름
丘 (おか)	언덕		手間賃 (てまちん)	품삯, 수고값
大通り (おおどお)	큰길, 대로		眺め (なが)	조망, 경치, 조망
表 (おもて)	겉		縄 (なわ)	밧줄
岸 (きし)	물가		値段 (ねだん)	가격
血液型 (けつえきがた)	혈액형		額 (ひたい)	이마
献血 (けんけつ)	헌혈			

い형용사

荒い (あら)	(태도·행동 등이) 거칠다, 난폭하다 / 거칠고 절도가 없다, 헤프다		清い (きよ)	맑다 / (도덕적·윤리적으로) 깨끗하다, 결백하다
おかしい	이상하다 / 우스꽝스럽다		悔しい (くや)	분하다, 억울하다

恋しい	그립다	ずるい	교활하다, 치사하다
酸っぱい	시다, 시큼하다	礼儀正しい	예의 바르다

な형용사

青やか	싱싱[선명]하게 푸름	器用	솜씨가 좋음, 손재주가 있음
鮮やか	선명함 / 멋짐	くたくた	지침, 녹초가 됨
ありのまま	있는 그대로임	贅沢	사치, 사치스러움
意識的	의식적	でたらめ	엉터리임, 되는 대로 함, 아무렇게나 함
偉大	위대함	複雑	복잡
大げさ	과장됨	平凡	평범함
大幅	대폭, 폭이 큼	稀	드묾
大ざっぱ	얼추잡음, 대충	惨め	비참함
大まか	대범함, 작은 것에 구애받지 않음 / 얼추잡음, 대충	尤も	지당함, 당연함

부사 or 접속사

いずれ	어차피 / 머지않아, 근간, 일간	さっぱり	후련하게, 시원하게, 깨끗이, 말끔히
一時	한때	すっかり	완전히
いわゆる	소위, 이른바, 흔히 말하는	ずらっと	죽, 잇달아 늘어선 모양
がっかり	실망[낙심]하는 모양	せっせと	열심히, 부지런히
ぎっしり	빈틈없이 꽉	~通	~통, 편지·문서·증서 등을 세는 말
ざっと	대충, 대강		

果<ruby>は</ruby>たして	(의문·가정하는 말이 따르며) 과연, 도대체	まごまご	우물쭈물
ぴったり	썩 잘 어울리는 모양, 꼭 맞음, 딱 맞음	めっきり	눈에 띄게, 현저히, 부쩍, 갑자기 눈에 띄게 변하는 모양
ふわふわ	가볍게 떠돌거나 흔들리는 모양, 둥실둥실, 마음이 들뜬 모양		

カタカナ

アクセント	악센트, 단어의 강약 / 어조, 어투	スピード	스피드
		セット	세트
オーバー	오버	パイロット	파일럿
コンクリート	콘크리트	メーン	메인, 주됨
スーパーマーケット	슈퍼마켓		

관용구

鼻に掛ける	자랑하다, 내세우다	口を出す	참견하다
口が重い	과묵하다, 말수가 적다	耳を傾ける	귀를 기울이다
口が堅い	입이 무겁다	目を皿のようにする	눈을 크게 뜨다

02 연습문제

問題1 ＿＿＿の言葉の読み方として最もよいものを、1・2・3・4から一つ選びなさい。

1 信号機のない所では、左右の安全を確認してから渡りましょう。

　　1 さう　　　　2 さゆう　　　　3 みぎひだり　　　　4 ひだりみぎ

2 今日お客さんが来るので、妻は食事の支度で忙しい。

　　1 したく　　　2 しど　　　　　3 じたく　　　　　　4 じと

3 いつも一緒で仲の良い夫婦のことを「おしどり夫婦」と言います。

　　1 ふうふ　　　2 ふうふう　　　3 ふふ　　　　　　　4 ふふう

4 刀は危ないですから、使ったあとは元の所に戻しておきましょう。

　　1 は　　　　　2 つるぎ　　　　3 ほうちょう　　　　4 かたな

5 左脳が発達している人は、言語処理能力に優れると言う。

　　1 しょうり　　2 しょり　　　　3 きょり　　　　　　4 きょうり

問題2 ＿＿＿の言葉を漢字で書くとき、最もよいものを1・2・3・4から一つ選びなさい。

1 熱を加えて水などを熱くするのを日本語で「わかす」と言います。

　　1 沸かす　　　2 仏かす　　　　3 払かす　　　　　　4 費かす

2 きすうとは、1・3・5・7など2で割り切れない数字のことです。

　　1 椅数　　　　2 寄数　　　　3 奇数　　　　4 騎数

3 人間の心理というものは本当にふくざつなものだ。

　　1 腹雑　　　　2 複雑　　　　3 復雑　　　　4 服雑

4 スカイツリーから見下ろしたながめは素晴らしい。

　　1 桃め　　　　2 逃め　　　　3 挑め　　　　4 眺め

5 ひたいが広い人は、頭の回転が速いそうです。

　　1 各　　　　　2 客　　　　　3 額　　　　　4 絡

問題3 （　　　）に入れるのに最もよいものを1・2・3・4から一つ選びなさい。

1 オリンピックで（　）成績を収めた青山選手が入国した。

　　1 善　　　　　2 優　　　　　3 良　　　　　4 好

2 電話によるお問い合わせには応じ（　）のでご了承ください。

　　1 かけます　　2 かねます　　3 きります　　4 ぬきます

3 通りを歩いていたら、問題の解決方法をふと思い（　）。

　　1 出した　　　2 出た　　　　3 付いた　　　4 起こした

4 誰かが話している時に口を出すのは礼儀（　）。

　　1 正しくない　　　　　　　　2 懐かしくない
　　3 親しくない　　　　　　　　4 良くない

5 網戸を取り付けてもらうのに手間（　）はいくらかかりますか。

　　1 貸　　　　　2 賃　　　　　3 任　　　　　4 袋

問題4 （　　　　）に入れるのに最もよいものを1・2・3・4から一つ選びなさい。

1 金遣いが（　）人は基本的に貯金できない。

　　1 賢い　　　　2 荒い　　　　3 鋭い　　　　4 偉い

2 アリは遊びもせずに（　）働いて、やってくる冬に備えて食べ物を蓄えておく。

　　1 ゆうゆうと　2 せいぜい　　3 せっせと　　4 のんびりと

3 私が教師になって初めて（　）1年生たちが今年卒業した。

　　1 受けもった　2 受けとった　3 受けつけた　4 受けいれた

4 今大会では（　）誰が優勝するだろうか。

　　1 とうとう　　2 きっと　　　3 とっくに　　4 はたして

5 卒業証明書と成績証明書を（　）ずつお願いします。

　　1 一通　　　　2 一冊　　　　3 一隻　　　　4 一足

6 目を（　）のようにして捜したが見つからなかった。

　　1 血　　　　　2 皿　　　　　3 器　　　　　4 卵

7 最近、朝晩は（　）寒くなってきましたね。

　　1 まるっきり　2 めっきり　　3 しめきり　　4 めったに

問題5 ＿＿＿の言葉に意味が最も近いものを1・2・3・4から一つ選びなさい。

1 彼はいつも大げさな身ぶりや豊かな表情を見せる。

　　1　エネルギーがある　　　　　2　ユーモアがある
　　3　ユニークな　　　　　　　　4　オーバーな

2 木村君は学生時代そんなに目立つタイプではなかった。

　　1　先立つ　　　2　際立つ　　　3　旅立つ　　　4　役立つ

3 旦那(だんな)は残業でくたくたになって帰ってきた。

　　1　疲れ切って　　2　落ち込んで　　3　酔っ払って　　4　悲しんで

4 社員たちのハンストにはもっともな理由がある。

　　1　一番　　　2　当然　　　3　しかし　　　4　不合理

5 青山さんはアメリカで留学したのに、イギリス風のアクセントの英語を話している。

　　1　方言　　　2　口癖　　　3　強弱　　　4　語調

問題6 次の言葉の使い方として最もよいものを1・2・3・4から一つ選びなさい。

1 ひかり

　　1　まぶしいほど太陽のひかりが降り注いでいる。
　　2　月ひかりを頼りに夜道を歩いた。
　　3　お湯が沸いたらひかりをとめてください。
　　4　街灯(がいとう)のひかりにたくさんの虫が集まっている。

2 おおまか

1 彼らの業績はもっと高く評価されておおまかだ。

2 私はこのデザインがおおまかに気に入った。

3 業者におおまかな見積もりを出してもらった。

4 食事したあとの後片付けが一番おおまかでしようがない。

3 ふりむく

1 学生時代をふりむいてみたら、懐かしくなった。

2 声をかけられてふりむくと、木村君が手を振っていた。

3 富士山はここからふりむくのが一番美しい。

4 自分の過(あやま)ちをふりむくことがなければ、その人は同じ過ちを何度も繰り返す。

4 覗(のぞ)く

1 邪魔にならないように障害物をのぞく。

2 息子には母親の病気がガンであることをのぞいておいた。

3 トイレの水を流すときは、このボタンをのぞいてください。

4 帰り道に古本屋をのぞいた。

5 セット

1 ボクシングは各セットの間に1分間の休憩を入れる。

2 嵐は5人のセットで構成されている。

3 6時に鳴るように目覚まし時計をセットしておいた。

4 前の席に座っていた二人は、セットルックを着ていた。

PART 3

동사

浮く	뜨다
訴える	(법원에) 고소하다, 소송하다 / (요구·불만·원한 등을 남에게) 호소하다
恨む	원망하다
表す	나타내다, 표현하다
憧れる	동경하다
扱う	다루다, 취급하다
抱く	(마음에) 품다
追いかける	뒤쫓아가다
拝む	배례하다
思い込む	굳게 믿다, 믿어 버리다
競う	겨루다, 경쟁하다
悔やむ	뉘우치다, 후회하다
繰り上げる	(차례를) 위로 올리다, 끌어올리다 / (날짜 등을) 앞당기다
繰り返す	반복하다
肥える	살찌다 / (안목이) 높아지다
避ける	피하다
差し支える	지장이 있다
耐える	참다, 견디다
戦う	싸우다
突き当たる	부딪치다 / 막다르다
縫う	바느질하다, 꿰매다, 깁다
抜け出す	빠져나가다, 살짝 도망치다
輝く	빛나다
眠る	자다, 잠들다
更ける	(밤·계절 등이) 깊어지다
吠える	짖다
凹む	움푹 들어가다 / 굴복하다, 꺾이다
見送る	배웅하다, 전송하다 / 보고만 있다, 그냥 보내다 / 보류하다
恵む	은혜를 베풀다

음독 명사

暗証番号 (あんしょうばんごう)	비밀번호		指示 (しじ)	지시
移植 (いしょく)	이식		四捨五入 (ししゃごにゅう)	사사오입
印刷 (いんさつ)	인쇄		周囲 (しゅうい)	주위
引用 (いんよう)	인용		商談 (しょうだん)	상담
欧米 (おうべい)	구미		製作 (せいさく)	(물품·제품) 제작
絵画 (かいが)	회화, 그림		制作 (せいさく)	(예술 작품·방송 프로그램) 제작
解釈 (かいしゃく)	해석		設置 (せっち)	설치
確定 (かくてい)	확정		退職 (たいしょく)	퇴직
我慢 (がまん)	참음, 인내, 견딤		妥当 (だとう)	타당
乾燥 (かんそう)	건조		断念 (だんねん)	단념
機嫌 (きげん)	기분, 심기 / 비위		頂点 (ちょうてん)	정점
規則 (きそく)	규칙		著作 (ちょさく)	저작
行儀 (ぎょうぎ)	예의범절, 행동거지의 예절		鉄砲 (てっぽう)	총
強風 (きょうふう)	강풍		伝染 (でんせん)	전염
金額 (きんがく)	금액		独身 (どくしん)	독신
傑作 (けっさく)	걸작		納得 (なっとく)	납득
工芸 (こうげい)	공예		難関 (なんかん)	난관
国境 (こっきょう)	국경		女房 (にょうぼう)	아내, 마누라
採用 (さいよう)	채용		認定 (にんてい)	인정
資源 (しげん)	자원		妊婦 (にんぷ)	임산부
私語 (しご)	사어, 사담, 소곤거림			

敗北(はいぼく)	패배
俳優(はいゆう)	배우
倍率(ばいりつ)	배율
爆竹(ばくちく)	폭죽
発達(はったつ)	발달
販売(はんばい)	판매
非~(ひ~)	비~, 부정의 뜻을 나타내는 말, ~가 아니다, ~가 없다 〈접두〉
秘書(ひしょ)	비서
避暑(ひしょ)	피서
変更(へんこう)	변경
放送(ほうそう)	방송
方針(ほうしん)	방침
末端(まったん)	말단
満潮(まんちょう)	만조
未~(み~)	미~, 아직 이루어지지 않음을 뜻함 〈접두〉
名~(めい~)	(명사에 붙음) 명~, 뛰어난, 훌륭한, 유명한 〈접두〉
唯一(ゆいいつ)	유일
油断(ゆだん)	방심
洋酒(ようしゅ)	양주
用心(ようじん)	조심함, 주의함
腰痛(ようつう)	요통
雷雨(らいう)	뇌우
来客(らいきゃく)	내객, 방문객
履歴(りれき)	이력

훈독 명사

愛人(あいじん)	(불륜의) 애인
荒筋(あらすじ)	대강의 줄거리
稲(いね)	벼
大家(おおや)	셋집 주인, 집주인
置き(おき)	(수량·시간·거리 등을 나타내는 말에 붙어) 걸러, 간격
蚊(か)	모기
皮(かわ)	가죽
しゃっくり	딸꾹질
粒(つぶ)	알갱이, 낱알, 알
旗(はた)	기, 깃발
へそ	배꼽
頬(ほお)	뺨, 볼

前向き (まえむき)	적극적임, 긍정적임	港 (みなと)	항구
見出し (みだし)	표제	夕暮れ (ゆうぐれ)	해질녘, 황혼

い형용사

愛らしい (あいらしい)	귀엽다, 사랑스럽다	甚だしい (はなはだしい)	매우 심하다, 대단하다 〈흔히, 좋지 않은 뜻으로 씀〉
勇ましい (いさましい)	용감하다	易しい (やさしい)	쉽다
濃い (こい)	진하다	喧しい (やかましい)	시끄럽다, 떠들썩하다
力強い (ちからづよい)	마음이 든든하다 / 힘차다, 강력하다		

な형용사

大らか (おおらか)	(성격이) 대범함, 너글너글함	肝心 (かんじん)	중요함, 요긴함
臆病 (おくびょう)	겁이 많음, 또는 그런 사람	貴重 (きちょう)	귀중함
厳か (おごそか)	엄숙함	偶然 (ぐうぜん)	우연
おっくう	귀찮음	非常識 (ひじょうしき)	몰상식함
勝手 (かって)	제멋대로 굶	平気 (へいき)	태연함 / 끄떡없음
頑固 (がんこ)	완고함	朗らか (ほがらか)	명랑함 / 날씨가 쾌청한 모양
感心 (かんしん)	기특함 / 감탄	明確 (めいかく)	명확

부사 or 접속사

生き生き (いきいき)	생생한 모양, 싱싱한 모양, 생기가 넘치는 모양	いちいち	일일이, 낱낱이, 빠짐없이
		一段と (いちだんと)	한층, 더욱, 훨씬

今(いま)に	(흔히 뒤에 부정의 말이 따름) 아직도, 지금도 / 이제, 이제 곧, 머지않아, 언젠가	必(かなら)ずしも	반드시, 꼭〈부정의 말이 따름〉
		何分(なにぶん)	부디, 아무쪼록, 제발
いよいよ	드디어, 마침내	たっぷり	듬뿍
思(おも)い切(き)り	마음껏	ぶつぶつ	투덜투덜

カタカナ

アイロン	다리미	グラフ	그래프
アルコール	알코올	ゲーム	게임
アンテナ	안테나	シリーズ	시리즈
エネルギー	에너지	ダンス	댄스
オイル	오일	テンポ	템포
ガソリンスタンド	주유소	メンバー	멤버
カロリー	칼로리		

관용구

ほっぺたが落(お)ちる	입에서 살살 녹다	二(に)の足(あし)を踏(ふ)む	주저하다, 망설이다
舌(した)を巻(ま)く	혀를 내두르다	身(み)に付(つ)ける	익히다, 체득하다
手(て)が離(はな)せない	손을 뗄 수가 없다, 하고 있는 일이 있어서 다른 일을 할 수 없다	猫(ねこ)の手(て)も借(か)りたい	고양이 손이라도 빌리고 싶다,〈매우 바쁨의 비유〉

03 연습문제

問題1 _____の言葉の読み方として最もよいものを、1・2・3・4から一つ選びなさい。

1 語順が同じであるためか、韓国人は中国語より日本語の方が<u>易しい</u>と思っているらしい。

　　1 やさしい　　　　　　　　2 なやましい
　　3 むずかしい　　　　　　　4 はげしい

2 <u>大家</u>さんにドアの修理を頼んだら、「ドアの修理は入居者の負担ですよ」と言われた。

　　1 たいか　　　　　　　　　2 おおや
　　3 おおいえ　　　　　　　　4 たいけ

3 まぶたを<u>蚊</u>に刺されて、かゆくて仕方がない。

　　1 な　　　　　　　　　　　2 なや
　　3 か　　　　　　　　　　　4 かや

4 全国大会で初優勝の栄光に<u>輝く</u>。

　　1 ささやく　　　　　　　　2 かがやく
　　3 はたらく　　　　　　　　4 またたく

5 夫より年上の妻のことを姉さん<u>女房</u>と言う。

　　1 にょうぼう　　　　　　　2 おんなぼう
　　3 めぼう　　　　　　　　　4 じょぼう

問題2 _____の言葉を漢字で書くとき、最もよいものを1・2・3・4から一つ選びなさい。

1 彼はほうそう局で撮影監督の仕事をしている。

 1 防咲 2 訪咲 3 肪送 4 放送

2 人をうらむ前に、まず自分自身を反省するべきだ。

 1 眼む 2 根む 3 恨む 4 限む

3 田舎では田植えやいね刈り時期になると忙しい。

 1 稲 2 陥 3 児 4 旧

4 ここからはフランスとドイツのこっきょうになります。

 1 団境 2 国境 3 団鏡 4 国鏡

5 彼女は結婚に大きな理想をいだいている。

 1 包いて 2 抱いて 3 泡いて 4 飽いて

問題3 (　　)に入れるのに最もよいものを1・2・3・4から一つ選びなさい。

1 この線は、ラッシュアワー時間帯には5分(　)電車が来る。

 1 さきに 2 たびに
 3 おきに 4 うえに

2 ( )五入とは、端数(はすう)が4以下なら切り捨て、5以上なら切り上げることである。

1 四拾 2 四捨
3 四切 4 四下

3 ストーブなどの( )完全燃焼は火事の原因の一つである。

1 下 2 未
3 不 4 否

4 この道をまっすぐ行って、突き( )左へ曲がると新橋高校があります。

1 当たったら 2 合ったら
3 込んだら 4 立てたら

5 裸(はだか)になって騒ぐなんて( )常識も甚(はなは)だしいですね。

1 外 2 非
3 否 4 未

問題4 ( )に入れるのに最もよいものを1・2・3・4から一つ選びなさい。

1 年末年始になると、郵便局では( )の手も借りたいほど忙しくなる。

1 豚 2 犬
3 牛 4 猫

2 地球温暖化が及(およ)ぼす悪影響は( )。

1 はなはだしい 2 すばらしい
3 いさましい 4 やかましい

3 久しぶりに会った友人と夜が(　)まで語り合った。

　　1 沈む　　　　　　　　　　2 深まる

　　3 更ける　　　　　　　　　4 暮れる

4 人間の体の中心は、腹部に位置している(　)と言われている。

　　1 わき　　　　　　　　　　2 ひじ

　　3 しり　　　　　　　　　　4 へそ

5 近年、田舎暮らしに(　)地方に移住する都会の人が珍しくない。

　　1 従って　　　　　　　　　2 憧れて

　　3 敬って　　　　　　　　　4 疑って

6 (　)の止め方には、急に驚かしてもらうとか冷水を飲むなど、いくつかの民間療法がある。

　　1 しゃっくり　　　　　　　2 くしゃみ

　　3 にきび　　　　　　　　　4 いびき

7 相手を(　)させるには、具体例を交えた論理的で分かりやすい説明が必要だ。

　　1 解説　　　　　　　　　　2 討論

　　3 納得　　　　　　　　　　4 説得

問題5　＿＿＿の言葉に意味が最も近いものを1・2・3・4から一つ選びなさい。

1 今日、<u>偶然</u>元彼とカフェで出会った。

　　1 ときどき　　　　　　　　2 たまに

　　3 たまたま　　　　　　　　4 めったに

2 多少の痛みを我慢して、一週間後に迫(せま)った試合のために練習をした。

　　1 なえて　　　　　　　　　　2 たえて
　　3 はえて　　　　　　　　　　4 うえて

3 その番組では映画やドラマのあらすじを紹介しています。

　　1 ストーリー　　　　　　　　2 テーマ
　　3 ポイント　　　　　　　　　4 ジャンル

4 阪神(はんしん)タイガースと読売(よみうり)ジャイアンツが優勝を競っている。

　　1 喧嘩して　　　　　　　　　2 戦争して
　　3 戦して　　　　　　　　　　4 争って

5 いよいよ明日から、待ちに待っていた祭りの始まりです。

　　1 まあまあ　　　　　　　　　2 そろそろ
　　3 とうとう　　　　　　　　　4 ぞくぞく

問題6 次の言葉の使い方として最もよいものを1・2・3・4から一つ選びなさい。

1 油断

　　1 病気のため左足を油断した義足の選手が一般選手と100メートル記録を争っている。
　　2 料理をしようと思ったら、ゴマ油が油断していてスーパーに買いに行ってきた。
　　3 自転車のチェーンに油断したら、ペダルの動きが軽くなった。
　　4 100%治るまで油断は禁物です。

2 用心

1 会議の資料を100人分用心してください。

2 くれぐれも火には用心してください。

3 早く用心しなさい。時間に間に合わないよ。

4 まず何よりも用心なのは、思い切ってやり始めることだ。

3 いまに

1 いまに雨が降りそうな空模様ですね。

2 いまに偉くなって見せる。

3 済んだことをいまに後悔しても始まらない。

4 いまに忙しくて手が離せない。

4 商談

1 新規取引先と商談が成立し、大型契約を結んだ。

2 何かあったらいつでも商談に乗るから、気軽に来てください。

3 先生に将来の進路について商談した。

4 社長に商談してからでないと、お返事できかねます。

5 必ずしも

1 今度は俺が必ずしも勝つから。

2 酸素がないと、火は必ずしも消えます。

3 私は、約束したことは必ずしも守ることを自分のルールにしています。

4 努力した者が必ずしも成功するとは限らない。

| PART 4 |

동사

暴く	폭로하다, 들추어내다, 까발리다
与える	주다, 부여하다
余る	남다
威張る	뽐내다, 뻐기다, 으스대다
かける	걸터앉다
食う	먹다
腐る	썩다, 상하다, 부패하다
組み立てる	조립하다
被る	⟨+・-⟩(은혜・손해・피해 등을) 입다, 받다, 지다
倒す	쓰러뜨리다
炊く	밥을 짓다
ダブる	겹치다, 중복되다
釣り合う	(무게・힘 등의) 균형이 잡히다
作り出す	만들기 시작하다, 만들어 내다
通りかかる	마침 그곳을 지나가다
届く	닿다, 도착하다
怒鳴る	소리치다, 고함치다, 호통치다
狙う	겨누다, 노리다
這う	기다
控える	대기하다 / 삼가다 / 앞두다 / 메모하다
引き受ける	책임지고 떠맡다
招く	초대하다
見つめる	응시하다, 주시하다
酔う	술에 취하다
汚す	더럽히다
呼び出す	불러내다
詫びる	사죄하다

음독 명사

愛想	あいそ	붙임성, 상냥함
遺産	いさん	유산
一般	いっぱん	일반
移動	いどう	이동
沿革	えんかく	연혁
応用	おうよう	응용
開放	かいほう	개방
革新	かくしん	혁신
活動	かつどう	활동
看板	かんばん	간판
供給	きょうきゅう	공급
競争	きょうそう	경쟁
景気	けいき	경기
仮病	けびょう	꾀병
構造	こうぞう	구조
催促	さいそく	재촉
再利用	さいりよう	재이용
砂糖	さとう	설탕
参考	さんこう	참고
湿度	しつど	습도
首脳	しゅのう	수뇌
勝負	しょうぶ	승부
省略	しょうりゃく	생략
諸国	しょこく	제국, 여러 나라
操作	そうさ	조작
創作	そうさく	창작
態勢	たいせい	태세
頂上	ちょうじょう	정상
貯金	ちょきん	저금
通達	つうたつ	통달
通報	つうほう	통보
通用	つうよう	통용
展開	てんかい	전개
伝達	でんたつ	전달
動作	どうさ	동작
難問	なんもん	난문, 어려운 문제
忍耐	にんたい	인내
納入	のうにゅう	납입
破損	はそん	파손
初～	はつ	첫～, 처음의, 최초의 〈접두〉
判子	はんこ	도장
不平	ふへい	불평

北極(ほっきょく)	북극		遺言(ゆいごん)	유언
埋葬(まいそう)	매장		用途(ようと)	용도
毎度(まいど)	매번, 항상, 번번이		預金(よきん)	예금
名称(めいしょう)	명칭		了解(りょうかい)	잘 이해함

훈독 명사

売れ行き(うれゆき)	팔리는 상태, 팔림새		腹(はら)	배
献立(こんだて)	메뉴, 식단		日当たり(ひあたり)	볕이 듦
仕方(しかた)	방법		迷子(まいご)	미아
出身(しゅっしん)	출신		見かけ(みかけ)	외관
手間(てま)	(일을 하는 데 드는) 품, 시간, 노력, 수고		味方(みかた)	내 편, 우리 편, 아군
長生き(ながいき)	장수		道順(みちじゅん)	(어떤 곳까지) 가는 순서, 코스
泣き声(なきごえ)	울음소리		見本(みほん)	견본
飲み込み(のみこみ)	삼켜 버림 / 이해, 납득		夜中(よなか)	(한)밤중
肌(はだ)	피부			

い형용사

浅い(あさい)	얕다		険しい(けわしい)	험하다, 가파르다 / 험상궂다, 험악하다
思いがけない(おもいがけない)	뜻밖이다, 예상 밖이다, 의외다		騒がしい(さわがしい)	시끄럽다
くどい	(같은 말을 되풀이하여) 귀찮다, 장황하다, 집요하다		尊い(とうとい)	소중하다, 귀중하다
			情けない(なさけない)	한심하다

等しい	같다, 동일하다	貧しい	가난하다
平たい	평평하다		

な형용사

明らか	분명함, 명백함	無遠慮	사양할 줄 모름, 멋대로 행동함
かすか	희미함	不思議	이상함
頑丈	튼튼함	身軽	경쾌함, 몸놀림이 가벼움
気軽	가볍게 행동함	身近	자기 몸에 가까운 곳, 신변 / 자기와 관계가 깊음
強引	반대나 장애를 무릅쓰고 억지로 함	愉快	유쾌함
手軽	간편함, 간단함, 손쉬움	我がまま	제멋대로 굶
派手	화려함		

부사 or 접속사

あくまで	끝까지, 철저히, 어디까지나	そっくり	꼭 닮음
およそ	대강, 대략	たった	단, 겨우
くれぐれも	부디, 아무쪼록, 제발	はっきり	확실히, 분명히, 뚜렷이
しみじみ	마음속 깊이 느끼는 모양, 절실히	やがて	머지않아, 얼마 안 있어
すっきり	산뜻이, 상쾌하게	わくわく	(기대·기쁨 등으로) 설레는 모양, 두근두근

カタカナ

アレルギー	알레르기	スーツ	슈트
エンジニア	엔지니어	スタート	스타트
キャンパス	캠퍼스	デザイン	디자인
キャンプ	캠프	バランス	밸런스, 균형
クリーム	크림	ビタミン	비타민

관용구

首(くび)になる	해고되다	腹(はら)を抱(かか)える	배꼽을 쥐다, 배꼽 빠지게 웃다
腕(うで)が上(あ)がる	솜씨가 늘다	酷(ひど)い目(め)に遭(あ)う	참혹한 꼴을 당하다
腕(うで)を振(ふ)るう	솜씨나 능력을 발휘하다		
胸(むね)を打(う)つ	감동시키다		

04 연습문제

問題1 ＿＿＿の言葉の読み方として最もよいものを、1・2・3・4から一つ選びなさい。

1 夕べは寒くて夜中に目が覚め眠れなかった。

　1　やちゅう　　　　　　　2　よるなか
　3　よなか　　　　　　　　4　やじゅう

2 ご来店中のお客様に迷子のお知らせを致します。

　1　まいご　　　　　　　　2　まよいこ
　3　まよいご　　　　　　　4　まいこ

3 山でご飯を炊く時には、コッヘルの蓋（ふた）の上に石などを載（の）せた方が良い。

　1　うく　　　　　　　　　2　たく
　3　ぬく　　　　　　　　　4　むく

4 小学生になった息子は、仮病を使って学校をずる休みすることが多くなった。

　1　へんびょう　　　　　　2　かびょう
　3　はんびょう　　　　　　4　けびょう

5 日本で強引な押し売りを断る方法は、片言（かたこと）の日本語でとっぴな答えを返すことだ。

　1　きょうひき　　　　　　2　ごうひき
　3　きょういん　　　　　　4　ごういん

問題2 ＿＿＿＿の言葉を漢字で書くとき、最もよいものを1・2・3・4から一つ選びなさい。

1 この建物のこうぞうはちょっと変わっていますね。

　　1 構造　　　　2 講造　　　　3 購造　　　　4 溝造

2 政府は4月1日に日韓(にっかん)しゅのう会談を行うと発表した。

　　1 首悩　　　　2 頭悩　　　　3 首脳　　　　4 頭脳

3 台風の接近でかんばんが落ちるなどの被害が出た。

　　1 看版　　　　2 看板　　　　3 看阪　　　　4 看坂

4 世界金融(きんゆう)危機の影響で、日本のけいきも悪くなった。

　　1 京気　　　　2 鯨気　　　　3 影気　　　　4 景気

5 文明の発達のおかげで、人類は多大な恩恵(おんけい)をこうむっている。

　　1 皮って　　　2 波って　　　3 被って　　　4 疲って

問題3 (　　　)に入れるのに最もよいものを1・2・3・4から一つ選びなさい。

1 今日は天気予報を信じたばかりに酷い(ひど)(　　)にあった。

　　1 頭　　　　　2 鼻　　　　　3 目　　　　　4 耳

2 友人に結婚式の司会を頼んだところ、快(こころよ)く引き(　　)くれた。

　　1 うけて　　　2 さいて　　　3 あげて　　　4 とめて

3 左右対称(たいしょう)であるということは、左右の重さが釣り(　)いるということだ。

　　1 込んで　　　　　　　　　　2 切って
　　3 上げて　　　　　　　　　　4 合って

4 今ご覧になっている商品は、最近一番売れ(　)のいい商品です。

　　1 切れ　　　　　　　　　　　2 行き
　　3 込み　　　　　　　　　　　4 残り

5 道が分からなくなって、通り(　)地元の人に道を聞いた。

　　1 ちがった　　　　　　　　　2 かかった
　　3 いった　　　　　　　　　　4 あった

問題4 (　　　)に入れるのに最もよいものを1・2・3・4から一つ選びなさい。

1 (　)ようですが、くれぐれも取り扱いにはご注意ください。

　　1 くどい　　　　　　　　　　2 ゆるい
　　3 のろい　　　　　　　　　　4 ぬるい

2 駅から近くて(　)のいい南向きの部屋を探している。

　　1 日の入り　　　　　　　　　2 日当たり
　　3 日の出　　　　　　　　　　4 日差し

3 彼はノーベル賞を受賞したが、少しも(　)ところがなく、誰に対しても礼儀正しい。

　　1 しばった　　　　　　　　　2 ためらった
　　3 あきれた　　　　　　　　　4 いばった

4 ストレスがたまった時は、運動をして余分な(　)を発散させた方が良い。

　　1 メラニン　　　　　　　　2 カロリー
　　3 エネルギー　　　　　　　4 ビタミン

5 最近、家族のありがたさを(　)と感じる。

　　1 じめじめ　　　　　　　　2 ひろびろ
　　3 しみじみ　　　　　　　　4 せいぜい

6 うちの旦那は大阪(　)なのに、関西弁はあまり使わない。

　　1 出身　　　　　　　　　　2 誕生
　　3 出生　　　　　　　　　　4 出産

7 すぐに担当者をお呼びしますので、どうぞこちらに(　)。

　　1 おやすみなさい　　　　　2 お待ちください
　　3 おじゃまします　　　　　4 おかけください

問題5　_____の言葉に意味が最も近いものを1・2・3・4から一つ選びなさい。

1 一週間後にひかえたワールドカップに向けて、選手たちは練習に打ち込んでいる。

　　1 延長された　　　　　　　2 繰り上げられた
　　3 せまった　　　　　　　　4 延期された

2 私の軽率な言動が世間を騒がせたことを、深くお詫びいたします。

　　1 説明いたします　　　　　2 注意いたします
　　3 謝罪いたします　　　　　4 辞職いたします

3 家族の健康のために、毎日栄養バランスの取れた<u>献立</u>を考えている。

    1 カロリー   2 スープ

    3 ダイエット   4 メニュー

4 人生には、時として<u>思いがけない</u>出来事が起こる。

    1 意外な   2 驚くような

    3 巨大な   4 思い付かない

5 悲劇の記憶も<u>やがて</u>忘れられてしまうだろう。

    1 すぐに   2 そのうち

    3 きっと   4 ぜひ

問題6 次の言葉の使い方として最もよいものを1・2・3・4から一つ選びなさい。

1 どなる

    1 「これは内緒だよ」と、彼女は僕の耳元で<u>どなった</u>。

    2 掲示板で自分の名前を見た瞬間、思わず「やったー」と<u>どなって</u>しまった。

    3 電車で電話をしていたら、前に座っていたおじさんに「うるせえ！」と<u>どなられた</u>。

    4 愛犬の名前を<u>どなったら</u>、しっぽを振りながら飛びついてきた。

2 わくわく

    1 野生動物が出てくるのではないかと、<u>わくわく</u>しながら街灯（がいとう）もない田舎の夜道を1人で歩いていた。

    2 ファンたちは<u>わくわく</u>しながら歌手の登場を待っていた。

    3 バスに乗ろうと走ってきたので、心臓が<u>わくわく</u>する。

    4 前の車とぶつかりそうになって、胸が<u>わくわく</u>した。

3 判子

1 はんこのインクがなくなったので、補充しておいた。
2 はんこを忘れた方は、窓口でお借りください。
3 間違えた字をはんこで消して書き直した。
4 内容をよく読んだ上で、はんこを押してください。

4 ダブる

1 仕事をダブってスマホをいじっていたら、上司に怒られた。
2 風で飛ばないように、ひもでしっかりダブっておいた。
3 同窓会と旅行がダブってしまって、どこに行くか迷っている。
4 天気が良いので授業をダブって遊びに行った。

5 手間

1 日本では、非常に忙しくて手間が足りない時に「猫の手も借りたい」という表現を使う。
2 お金と手間があったら、気晴らしに海外旅行にでも行きたい。
3 あのスーパーは配達してくれるので、自分で買いに行く手間が省ける。
4 手間でみんなでお菓子を食べながらテレビを見た。

PART 5

동사

あがく	발버둥질치다, 몸부림치다, 버둥거리다
あきれる	어이없다, 기가 막히다
揚げる	(기를) 게양하다, 올리다 / (연을) 띄우다 / (물으로) 옮기다 / 튀기다
与える	주다, 부여하다
敬う	공경하다
裏返す	(안과 겉을) 뒤집다
追う	따르다, 뒤쫓아가다
補う	보충하다, 부족한 것을 메우다
教わる	배우다
重ねる	겹치다, 포개다
かしこまる	「分かる」(알다)의 겸양어
片寄る	(한쪽으로) 기울다, 치우치다
乾く	마르다
組む	짜다, 엮다
困る	곤란하다
逆らう	역행하다, 거스르다 / 거스르다, 반항하다
叱る	꾸짖다
退く	물러나다
巣立つ	(새끼가 자라서) 보금자리를 떠나다 / 부모의 슬하나 학교를 떠나 사회로 나가다
ずれる	기준이나 표준에서 조금 벗어나다
注ぐ	(물 등을) 따르다, 붓다
攻める	공격하다
それる	빗나가다
ためらう	주저하다, 망설이다
散る	지다, 흩어지다
取り消す	취소하다
殴る	때리다
にぎわう	번화해지다, 흥청거리다
放す	놓아주다, 풀어주다

放つ はな	놓아주다, 풀어주다 / (빛·소리·냄새 등을) 발하다		見舞う みま	병문안 하다, 문병하다 /《주로 수동태로 쓰여서》(달갑지 않은 것이) 찾아오다, 엄습하다
掘る ほ	파다, 캐다			

음독 명사

安定 あんてい	안정		ご機嫌 きげん	기분, 심기
安否 あんぴ	안부		娯楽 ごらく	오락
異常気象 いじょうきしょう	이상기후		最期 さいご	임종
胃腸 いちょう	위장		実施 じっし	실시
依頼 いらい	의뢰		焦点 しょうてん	초점
医療 いりょう	의료		消防署 しょうぼうしょ	소방서
慰労 いろう	위로		人命 じんめい	인명
角度 かくど	각도		成績 せいせき	성적
確率 かくりつ	확률		組織 そしき	조직
歓迎 かんげい	환영		第一印象 だいいちいんしょう	첫인상
季節 きせつ	계절		対象 たいしょう	대상
共通 きょうつう	공통		中断 ちゅうだん	중단
緊張 きんちょう	긴장		調節 ちょうせつ	조절
警察 けいさつ	경찰		貯蓄 ちょちく	저축
経由 けいゆ	경유		～通 つう	～통, (명사에 붙어서) 그 방면에 정통함 〈접미〉 / 편지·문서·증서 등을 세는 말 〈조수〉
功績 こうせき	공적			
高層 こうそう	고층		弟子 でし	제자

転移 (てんい)	전이		名字 (みょうじ)	(이름의) 성
展開 (てんかい)	전개		魅力 (みりょく)	매력
同僚 (どうりょう)	동료		名声 (めいせい)	명성
日常 (にちじょう)	일상		命令 (めいれい)	명령
熱気 (ねっき)	열기		薬品 (やくひん)	약품
年齢 (ねんれい)	연령		漁師 (りょうし)	어부
破裂 (はれつ)	파열		冷凍 (れいとう)	냉동
必死 (ひっし)	필사		恋愛 (れんあい)	연애
平均 (へいきん)	평균		浪漫 (ろうまん)	낭만
宝石 (ほうせき)	보석		和食 (わしょく)	일식
暴風 (ぼうふう)	폭풍		話題 (わだい)	화제
訪問 (ほうもん)	방문			

훈독명사

岩 (いわ)	바위		斜め (ななめ)	경사짐, 기욺, 비낌 / 나쁜 상태임
噂 (うわさ)	소문		灰色 (はいいろ)	회색
数 (かず)	수		輩出 (はいしゅつ)	배출
霜 (しも)	서리		裸 (はだか)	알몸, 맨몸, 나체 / 있는 그대로임, 솔직함
凧揚げ (たこあげ)	연날리기		丸暗記 (まるあんき)	이해도 하지 않고 마구 욈, 덮어놓고 암기 함, 통째 욈
付き (つき)	부, 딸림		見方 (みかた)	보는 방법, 견해
津波 (つなみ)	해일		災い (わざわい)	화, 재앙, 재난
凸凹 (でこぼこ)	요철, 울퉁불퉁			

い형용사

厚い	(인정이) 두텁다, 후하다	ばかばかしい	몹시 어리석다
慌ただしい	분주하다	幅広い	폭넓다
かわいらしい	귀엽다	相応しい	어울리다, 걸맞다, 적합하다
くすぐったい	간지럽다	眩しい	눈부시다 / 눈부실 정도로 아름답다
図々しい	뻔뻔스럽다	柔らかい	부드럽다
生臭い	비린내가 나다		

な형용사

極端	극단적임	適切	적절함
気軽	가볍게 행동함, 깊이 생각하지 않음	手頃	적당함
気楽	속 편함	面倒	귀찮음, 성가심 〈な〉 / 돌봄, 보살핌 〈명〉
軽快	경쾌함	緩やか	완만함 / 느릿함
軽率	경솔함	利口	영리함
真剣	진지함		

부사 or 접속사

あらゆる	모든, 온갖	およそ	대략, 대강
以後	이후	さらに	더욱더
いったん	일단, 한번	しいんと	아주 조용한 모양, 쥐 죽은 듯이, 괴괴하게
各々	각자, 각각		

じかに	바로, 직접(으로)	単(たん)に	단순히
じきに	머지않아, 곧	にわか	갑작스러운 모양, 별안간, 돌연
しみじみ	절실히, 마음속 깊이 / 조용하고 차분한 모양, 차근차근	ばったり	뜻밖에 마주치는 모양, 딱, 갑자기 쓰러지는 모양, 픽
～隻(せき)	～척 (배를 세는 단위)	もしくは	혹은, 또는
たちまち	금세, 순식간에		

カタカナ

セール	세일	ピーナッツ	땅콩
ゼミ	세미나	プール	풀, 수영장
トラブル	트러블, 말썽, 분쟁, 고장	プラン	플랜, 계획
トンネル	터널	マンネリ	매너리즘, 천편일률
ハイキング	하이킹	レジャー	레저

관용구

腹(はら)が黒(くろ)い	엉큼하다, 뱃속이 검다	腰(こし)(を)掛(か)ける	걸터앉다
腹(はら)を割(わ)る	본심을 털어놓다	涙(なみだ)をのむ	눈물을 삼키다
腰(こし)が低(ひく)い	겸손하다, 저자세이다		

05 연습문제

問題1 ＿＿＿の言葉の読み方として最もよいものを、1・2・3・4から一つ選びなさい。

1 大阪から東京を<u>経由</u>して北海道に行きました。

 1 きょうゆう   2 けいゆ
 3 きょうゆ   4 けいゆう

2 庭に桜の苗木(なえぎ)を植えようと思い、穴を<u>掘った</u>。

 1 ほった   2 おった
 3 ぬった   4 わった

3 小さい子供2人を、一人で<u>面倒</u>をみるのは大変だ。

 1 おもとう   2 おもどう
 3 めんとう   4 めんどう

4 年末になると仕事納(しごとおさ)めや忘年会などで<u>慌しく</u>なる。

 1 ずうずうしく   2 あつかましく
 3 あわただしく   4 そそっかしく

5 みんな、<u>裸</u>になって話し合おう。

 1 はだか   2 あざやか
 3 おだやか   4 さだか

問題2 ＿＿＿の言葉を漢字で書くとき、最もよいものを1・2・3・4から一つ選びなさい。

1 最近の<u>ごらく</u>番組は何を見ても似たような内容ばかりだ。

　　1 誤楽　　　2 娯楽　　　3 誤薬　　　4 娯薬

2 犯人を捕まえるため、<u>けいさつ</u>がこの近くに張り込んでいる。

　　1 警祭　　　2 驚祭　　　3 警察　　　4 驚察

3 「詩人の恋」は、ドイツの<u>ろうまん</u>派音楽を代表する作曲家シューマンによって作られた。

　　1 浪漫　　　2 浪慢　　　3 朗漫　　　4 朗慢

4 最近はお正月でも<u>凧あげ</u>をする風景はなかなか見られなくなった。

　　1 膓げ　　　2 場げ　　　3 湯げ　　　4 揚げ

5 今度の日曜日に会社の<u>どうりょう</u>達とBBQパーティーに行く。

　　1 同寮　　　2 同僚　　　3 洞寮　　　4 洞僚

問題3 （　　　）に入れるのに最もよいものを1・2・3・4から一つ選びなさい。

1 栄養が（　）寄らないように、バランスよく食べること。

　　1 側　　　　2 片　　　　3 片　　　　4 傾

2 （　）暗記するより、まず理解する方が大切だ。

　　1 全　　　　2 統　　　　3 完　　　　4 丸

3 キューバ政府は、条件(　　)で外国企業に鉱物資源開発を認めると発表した。

1 付き   2 内
3 含め   4 付け

4 災難に(　　)舞われた町に各地からの救援物資が届いた。

1 害   2 見
3 打   4 激

5 シリアの内情に詳しい消息(　　)が明らかにした話だ。

1 便   2 元
3 通   4 方

問題4 (　　　)に入れるのに最もよいものを1・2・3・4から一つ選びなさい。

1 失敗を恐れ、チャレンジを(　　)ばかりいる人には、成功のチャンスも巡ってこない。

1 ためて   2 ためらって
3 たまって   4 まとめて

2 大雨や台風、冷夏、暖冬などの(　　)気象が世界中で起こっている。

1 変質   2 変態
3 異常   4 異状

3 「口は(　　)の元」と言われるように、言葉の使い方には、いつも細心の注意を払いましょう。

1 わざわい   2 でま   3 さいわい   4 うわさ

4 謝るどころか逆ギレするから、(　)物も言えない。

　　1 あきらめて　　2 あきれて　　3 あきて　　4 あきなって

5 眠れない夜に「羊が一匹、羊が二匹・・・」と、羊の(　)を数えた経験は誰にもあるはずだ。

　　1 量　　2 顔　　3 頭　　4 数

6 部長は朝から社長に怒られてご機嫌(　)だから、言葉に気をつけた方が良い。

　　1 下　　2 低　　3 斜め　　4 傾

7 飛行機のエンジンに(　)が発生して回航(かいこう)中だ。

　　1 トラブル　　　　　　2 ピーナッツ
　　3 キャンセル　　　　　4 テロリスト

問題5　_____の言葉に意味が最も近いものを1・2・3・4から一つ選びなさい。

1 A社の限定販売(げんていはんばい)のスマホはたちまち売り切れた。

　　1 すぐに　　　　　　2 いっさい
　　3 いきなり　　　　　4 いっせいに

2 君、また喧嘩したのか？　明日、お母さんあるいはお父さんと一緒に登校するように。

　　1 さらに　　　　　　2 もしくは
　　3 たった　　　　　　4 ただし

3 卒業は終わりというより、むしろ新しい人生に船出する大切な段階だと思う。

1 役立つ　　　　　　　　　　2 泡立つ
3 巣立つ　　　　　　　　　　4 腹立つ

4 彼は事件に関するあらゆることを知っていた。

1 やや　　　　　　　　　　　2 ようやく
3 いわゆる　　　　　　　　　4 すべての

5 書類は以下の通りで、おのおの一枚ずつ用意してください。

1 担当者　　　　　　　　　　2 当事者
3 各自　　　　　　　　　　　4 ぜひ

問題6 次の言葉の使い方として最もよいものを1・2・3・4から一つ選びなさい。

1 しいんと

1 あの時のことは今でもしいんと覚えている。
2 「REMEMBER」や「ROSEMARY」という曲は胸にしいんと来るすてきな音楽です。
3 聴衆(ちょうしゅう)は水を打ったようにしいんとなった。
4 遠くから船がしいんと見える。

2 季節

1 北海道は、はっきりした季節があって非常に住みやすい。
2 運動会は、当日の季節によって開催(かいさい)されるかどうか決まります。
3 季節の変わり目は、気温差が激しいため体調を崩(くず)しやすい。
4 最近、朝晩(あさばん)と日中の季節差が大きくなりました。

| PART 5 | 67

3 ばったり

1 昔付き合っていた彼に、本屋でばったり出会った。

2 嫌だと、最初からばったり断るべきだった。

3 日本人は何事もばったり言わない傾向がある。

4 戸締（とじま）りをばったりしないと泥棒に入られるよ。

4 補う

1 この子は音楽の才能に補って、絵の才能も豊（ゆた）かだ。

2 あの店では良質の食料品を補っている。

3 趣味として紙幣（しへい）とコインを補っています。

4 外国人観光客からの観光収入は、貿易（ぼうえき）赤字を補うために重要です。

5 最期

1 急いで行ったが、祖母の最期をみとることはできなかった。

2 最期に塩・こしょうで味の調節をすれば完成。

3 仕事が終わらなくて最期まで会社に残って残業をした。

4 B容疑者（ようぎしゃ）は、最期まで犯行を否認し、白（しら）を切った。

PART 6

동사

焦(あせ)る	초조해하다, 조바심하다, 조급하게 굴다
暴(あば)れる	날뛰다, 난폭하게 굴다
溢(あふ)れる	넘치다
誤(あやま)る	잘못을 저지르다, 틀리다, 실수하다
居眠(いねむ)る	앉아서 졸다, 말뚝잠을 자다
打(う)ち消(け)す	부정하다
占(うらな)う	점치다
贈(おく)る	(감사・축복의 뜻으로) 보내다, 선사하다
怠(おこた)る	게을리하다, 태만히 하다
帯(お)びる	어떤 성질・경향을 띠다
預(あず)ける	맡기다, 보관시키다
思(おも)い付(つ)く	(문득 새로운) 생각이 떠오르다
傾(かたむ)く	기울다
奏(かな)でる	연주하다
着(き)こなす	맵시 있게 입다, 멋지게 입다
やりこなす	(어려운 일 등을) 해내다
こなす	빻다, 잘게 부수다 / (음식을) 소화시키다 / (일 등을 계획대로) 처리하다 / (동사의 ます형에 붙어) 그 동작을 능숙하게 함을 나타냄
去(さ)る	떠나다
救(すく)い出(だ)す	구출하다
怠(なま)ける	게으름 피우다
並(なら)べる	줄지어 놓다, 나란히 놓다, 죽 늘어놓다
逃(に)げる	도망치다
率(ひき)いる	인솔하다, 거느리다 / 통솔하다, 지휘하다
含(ふく)む	입에 물다, 머금다 / 포함하다, 함유하다
増(ま)す	늘다, 증가하다 / 늘리다, 증가시키다
磨(みが)く	닦다
向(む)ける	향하게 하다, 돌리다

| 敗れる | 패하다 | 割れる | 깨지다 / 나누어 떨어지다 |

음독 명사

悪循環	악순환	湿度	습도
委員	위원	衝突	충돌
委細	상세	初旬	초순
緯度	위도	信頼	신뢰
有無	유무	水滴	물방울
永久	영구	頭脳	두뇌
演奏	연주	生命	생명
記憶	기억	操作	조작
奇数	기수, 홀수	大気圏	대기권
記念	기념	対比	대비
疑問	의문	調和	조화
教師	교사	停車	정차
規律	규율	程度	정도
経度	경도	頭角	두각
憲法	헌법	農業	농업
鉱山	광산	能率	능률
故郷	고향	暴露	폭로
混乱	혼란	範囲	범위
寺院	사원	皮肉	빈정거림, 비꼼, 비아냥거림

報告 ほうこく	보고	容器 ようき	용기
包囲 ほうい	포위	領収書 りょうしゅうしょ	영수증
味覚 みかく	미각	留守 るす	(외출하여) 집에 없음, 부재중
矛盾 むじゅん	모순	留守番 るすばん	빈 집을 지킴
明細 めいさい	명세	歴代 れきだい	역대
迷信 めいしん	미신	連続 れんぞく	연속
問答 もんどう	문답, 물음과 대답	連帯 れんたい	연대
役所 やくしょ	관청	話術 わじゅつ	화술

훈독 명사

稲刈り いねかり	벼 베기	仲直り なかなおり	화해
絵の具 えのぐ	그림 물감	旗 はた	기, 깃발
親孝行 おやこうこう	효도	畑 はたけ	밭 / (전문) 분야, 영역
管 くだ	관, 대롱	人込み ひとごみ	혼잡
腰 こし	허리	的 まと	과녁, 표적 / 대상
芝刈り しばかり	잔디를 깎음	役割 やくわり	역할
済み ずみ	끝남, 필	紅葉 もみじ	단풍
ため息 ためいき	한숨	床 ゆか	마루
手入れ ていれ	손질, 손봄	余計 よけい	여분, 여벌 / 쓸데없음, 불필요함
出来事 できごと	일어난 일, 사건		

い형용사

勇(いさ)ましい	용감하다	頼(たの)もしい	믿음직하다
恐(おそ)ろしい	무섭다, 두렵다	激(はげ)しい	심하다, 〈나쁘다·좋다를 평가하기 이전에 기세가 상당히 강하다〉
思(おも)いがけない	뜻밖이다, 예상 밖이다, 의외다	酷(ひど)い	심하다, 〈바람직하지 않은 상태의 정도가 도를 넘어서다〉
快(こころよ)い	기분 좋다, 상쾌하다 / 기분 좋다, 유쾌하다, 즐겁다	物足(ものた)りない	뭔가 아쉽다, 무언가 미흡하다, 어딘가 부족하다
そそっかしい	덜렁대다, 경솔하다		

な형용사

おおざっぱ	조잡함, 엉성함 / 대충, 얼추 잡음	慎重(しんちょう)	신중함
格別(かくべつ)	각별함, 특별함	積極的(せっきょくてき)	적극적임
緊急(きんきゅう)	긴급함	透明(とうめい)	투명함
緊密(きんみつ)	긴밀함	なだらか	완만함, 가파르지 않음
厳重(げんじゅう)	엄중함	にわか	갑작스러움
幸運(こううん)	행운임	稀(まれ)	드묾

부사 or 접속사

改(あらた)めて	다시, 새삼스럽게	ぎっしり	빈틈없이 차 있는 모양, 가득, 빽빽이
恐(おそ)らく	아마, 필시, 틀림없이	現(げん)に	실제로
主(おも)に	주로	実(じつ)に	실로, 참으로

しまった	아차, 아뿔싸, 어떤 일에 실수하였을 때 저도 모르게 내는 말	どうも	아무래도
そっくり	꼭 닮은 모양 / 전부, 모조리, 몽땅	特に	특히
		とっくに	훨씬 전에, 이미
但し	(앞 말에 대한 조건이나 예외를 덧붙일 때 쓰는 말) 단, 다만	～頭	～마리
		なお	아직, 여전히 / 또한
たとえ	가령, 설령 (～할지라도)	めったに	(부정의 말이 따르며) 좀처럼, 거의

カタカナ

インタビュー	인터뷰	ファスナー	파스너, 지퍼
スチュワーデス	스튜어디스	フレッシュ	프레시, 신선함
テント	텐트	ベンチ	벤치
パターン	패턴	モノレール	모노레일

관용구

喉から手が出る	몹시 탐이 나다	気が長い	성미가 느긋하다
気が進まない	마음이 내키지 않다	気が短い	성질이 급하다
気が向く	마음이 내키다		

06 연습문제

問題1 _____ の言葉の読み方として最もよいものを、1・2・3・4から一つ選びなさい。

1 この機械は仕組(しく)みが複雑なので操作が難しい。

　1　そうさ　　　　　　　　　2　そさ
　3　そうさく　　　　　　　　4　そさく

2 居眠り運転が原因で、対向車(たいこうしゃ)と正面衝突する事故が発生した。

　1　しゅうとつ　　　　　　　2　しょうとつ
　3　ちゅうとつ　　　　　　　4　ちょうとつ

3 このサイトでは、各地の紅葉の見ごろ情報やおすすめスポットなどを紹介しています。

　1　もみば　　　　　　　　　2　こうは
　3　もみじ　　　　　　　　　4　べには

4 昨日はお墓の手入れや芝刈りに田舎に行ってきました。

　1　しばふかり　　　　　　　2　しばふがり
　3　しばがり　　　　　　　　4　しばかり

5 新聞が有名芸能人(げいのうじん)と暴力団との関わりを暴露した。

　1　ぼうろう　　　　　　　　2　ばくろ
　3　ぼうろ　　　　　　　　　4　ばくろう

問題2 _____の言葉を漢字で書くとき、最もよいものを1・2・3・4から一つ選びなさい。

1 オリンピックメーンスタジアムには各国のはたが掲げられていた。

 1 旅   2 旗   3 遊   4 族

2 日本では4月しょじゅんに入学式が行われる。

 1 初拘   2 初包   3 初句   4 初旬

3 父の誕生日に、日頃の感謝の気持ちを込めてプレゼントをおくった。

 1 贈った   2 憎った   3 増った   4 層った

4 彼はあせると貧乏ゆすりをする癖がある。

 1 住る   2 雀る   3 焦る   4 集る

5 けいどが15度違えば、1時間の差があります。

 1 軽度   2 経度   3 茎度   4 径度

問題3 （　　　）に入れるのに最もよいものを1・2・3・4から一つ選びなさい。

1 年を取ると、体の機能が低下して、行動半径が狭くなり、それがまた体の機能を低下させるという（　　）循環に陥ってしまう。

 1 逆   2 反   3 悪   4 非

2 打ち上げられた人工衛星は大気（　　）突入に成功した。

 1 圏   2 巻   3 内   4 券

3 木村君は転職して、大学の専攻とは(　　)違いの仕事をしている。

　1 山　　　　　　　　　　2 畑
　3 田　　　　　　　　　　4 原

4 会員登録しようとしたら、「既に登録(　　)」と表示された。

　1 完　　　　　　　　　　2 終わり
　3 了　　　　　　　　　　4 済み

5 彼は子供の時から、体の弱い母親の面倒をよく見る親(　　)な青年だったそうだ。

　1 孝道　　　　　　　　　2 孝行
　3 孝子　　　　　　　　　4 孝女

問題4 (　　　　)に入れるのに最もよいものを1・2・3・4から一つ選びなさい。

1 やることが多すぎたり、初めてのことが重なると頭が(　　)して、いらいらする。

　1 混乱　　　　　　　　　2 混用
　3 混同　　　　　　　　　4 混雑

2 彼はいつもおしゃれに着(　　)いる。

　1 けなして　　　　　　　2 みなして
　3 こなして　　　　　　　4 はなして

3 私の部下は(　　)性格でいつもミスばかりしている。

　1 せつない　　　　　　　2 まずしい
　3 さわがしい　　　　　　4 そそっかしい

4 海外旅行や出張など長く家を留守にする時は、犬をペットホテルに（　）います。

　　1 まかせて　　　　　　　　　　2 あずけて
　　3 ゆだねて　　　　　　　　　　4 かたづけて

5 彼は就職先がなかなか決まらず（　）落ち込んでいる。

　　1 すばらしく　　　　　　　　　2 つよく
　　3 ひどく　　　　　　　　　　　4 はげしく

6 黙っていればいいものを（　）ことを言ったばかりに状況を悪化させてしまった。

　　1 やかましい　　　　　　　　　2 はなはだしい
　　3 よけいな　　　　　　　　　　4 くだらない

7 最後の矢は（　）から大きく外れた。

　　1 いと　　　　　　　　　　　　2 まと
　　3 はと　　　　　　　　　　　　4 ろと

問題5　_____ の言葉に意味が最も近いものを1・2・3・4から一つ選びなさい。

1 尾崎さんの予言したことが、いま<u>現に</u>起こっている。

　　1 明確に　　　　　　　　　　　2 確実に
　　3 実際に　　　　　　　　　　　4 正確に

2 ピアノを<u>演奏している</u>彼の姿はとても格好よかった。

　　1 ひにくって　　　　　　　　　2 すぐれて
　　3 からかって　　　　　　　　　4 かなでて

3 将軍は5万の兵士を率いて10万の敵軍と戦った。

　　1　リーダーして　　　　　　2　キャプテンして

　　3　リードして　　　　　　　4　チープして

4 まだ余震が続いているので、注意をおこたるわけにはいかない。

　　1　なまける　　　　　　　　2　心がける

　　3　思いがけない　　　　　　4　払う

5 私は後姿が父にそっくりだとよく言われている。

　　1　ぴったりだ　　　　　　　2　よく似合っている

　　3　少し似ている　　　　　　4　よく似ている

問題6 次の言葉の使い方として最もよいものを1・2・3・4から一つ選びなさい。

1 勇ましい

　　1　周りが勇ましくて勉強に集中できない。

　　2　映画の主人公の勇ましい姿に感動した。

　　3　急激な変化は勇ましくない。

　　4　隣人が犯人だったなんて、聞くだけで勇ましい。

2 留守

　　1　家にいると思って、金君の家に行ってみたら留守だった。

　　2　佐藤さんはアメリカへ留守に行ったきり、そのままアメリカに定住してしまったらしい。

　　3　家族がみんな旅行に行ったので、一人で留守をした。

　　4　今日は家でゆっくりしたいので、留守を使った。

3 こころよい

1 ベンツは乗りこころよく、長距離を運転しても疲れにくい。
2 彼女の両親は結婚をこころよく承諾してくれた。
3 大学院への進学をこころよくあきらめざるを得なかった。
4 汚職事件について政治家は国民にこころよく謝罪した。

4 ため息

1 彼は「愛しているよ」と、彼女の耳元でため息をついた。
2 ストレスがたまった時は、山頂(さんちょう)で深くため息を吸うと、さわやかな気分になる。
3 彼は何かうまくいっていないのか、さっきからため息ばかりついている。
4 風邪でマスクをして歩いたら、ため息が苦しくなった。

5 ただし

1 本番まであとただし一週間しか残っていない。
2 ただし、死んでも君を離(はな)さない。
3 返品(へんぴん)期限であれば、返品及(およ)び交換ができます。ただし、30日を過ぎた場合は返品・交換はできません。
4 椅子から立ち上がったただし、めまいがした。

PART 7

동사

味わう	맛보다, 체험하다, 겪다
預かる	맡다
あぶる	불에 쬐어 (약간) 굽다 / 불에 쬐다
著す	저술하다
祈る	빌다, 기도하다
植える	(나무 등을) 심다
浮かぶ	뜨다 / (머릿속에) 떠오르다
浮かれる	(마음이) 들뜨다, 신명이 나다
失う	잃다
埋める	묻다
売り切れる	다 팔리다, 매진되다
描く	그리다
補う	보충하다, 메우다, 채우다
隠す	감추다
区切る	구획 짓다 / 일단락을 짓다, 일을 매듭짓다
覚ます	(잠을) 깨우다 / 깨우치다, 각성시키다
ためる	모으다
溶け込む	녹아들다
飛び込む	뛰어들다
飛び出す	뛰어나오다[나가다]
似る	닮다
量る	(무게·용적 등을) 달다, 재다
計る	(수·시간 등을) 재다
測る	(길이·면적 등을) 재다
図る	도모하다
掃く	쓸다
微笑む	미소 짓다
目指す	목표로 하다, 지향하다
割り込む	끼어들다, 새치기하다 / 말참견하다

음독 명사

安易 (あんい)	안이
暗記 (あんき)	암기
育児 (いくじ)	육아
違反 (いはん)	위반
衣服 (いふく)	의복
飲料 (いんりょう)	음료
運行 (うんこう)	운행
演説 (えんぜつ)	연설
応答 (おうとう)	응답
改定 (かいてい)	(공공요금 등의) 개정
開封 (かいふう)	개봉
我慢 (がまん)	참음
感激 (かんげき)	감격
鑑賞 (かんしょう)	감상
感想 (かんそう)	감상, 소감
競技 (きょうぎ)	경기
苦情 (くじょう)	불평, 불만
工夫 (くふう)	궁리함, 고안, 아이디어
下宿 (げしゅく)	하숙
欠陥 (けっかん)	결함
欠点 (けってん)	결점
郊外 (こうがい)	교외
再三 (さいさん)	재삼, 여러 번
姿勢 (しせい)	자세
定規 (じょうぎ)	자
消耗 (しょうもう)	소모
接近 (せっきん)	접근
世話 (せわ)	돌봄, 보살핌 / 신세, 폐
倉庫 (そうこ)	창고
祖先 (そせん)	조선, 조상
損害 (そんがい)	손해
尊敬 (そんけい)	존경
大工 (だいく)	목수
超能力 (ちょうのうりょく)	초능력
貯蔵 (ちょぞう)	저장
適応 (てきおう)	적응
鉄橋 (てっきょう)	철교
電柱 (でんちゅう)	전신주, 전봇대
特定 (とくてい)	특정
内陸 (ないりく)	내륙
犯罪 (はんざい)	범죄
標識 (ひょうしき)	표지

標準 (ひょうじゅん)	표준
平等 (びょうどう)	평등
噴水 (ふんすい)	분수
編集 (へんしゅう)	편집
発端 (ほったん)	발단
密輸 (みつゆ)	밀수
毛布 (もうふ)	모포, 담요
輸血 (ゆけつ)	수혈
油田 (ゆでん)	유전
輸入 (ゆにゅう)	수입
溶岩 (ようがん)	용암
流域 (りゅういき)	유역
領事 (りょうじ)	영사
和解 (わかい)	화해
和室 (わしつ)	일본식 방

훈독 명사

空き地 (あきち)	공터, 빈터
雨戸 (あまど)	비바람을 피하기 위해 단 덧문
戦 (いくさ)	전쟁, 싸움, 전투
書留 (かきとめ)	등기
殻 (から)	껍질
為替 (かわせ)	환
くしゃみ	재채기
腰掛 (こしかけ)	걸상, 의자 / 일시적인 일자리[직업]
小屋 (こや)	오두막집
酒場 (さかば)	술집
芝生 (しばふ)	잔디밭
蛇腹 (じゃばら)	주름 상자, 주름 호스
手 (て)	〈동사의 ます형에 붙어〉 그 동작을 하는 사람을 나타냄
苗 (なえ)	모종
根 (ね)	뿌리 / 근원, 기원, 원인
派手 (はで)	화려함
人一倍 (ひといちばい)	남보다 갑절, 남보다 더한층
日向 (ひなた)	양지, 양달
吹雪 (ふぶき)	눈보라
浴衣 (ゆかた)	아래위에 걸쳐서 입는, 두루마기 모양의 긴 무명 홑옷 〈목욕 후 또는 여름철에 평상복으로 입음〉
輪 (わ)	원형, 고리

い형용사

甘い (あまい)	(맛이) 달다 / (냄새가) 달콤하다 / (말이) 달콤하다 / 엄하지 않다, 무르다 / 만만하다
重たい (おもたい)	무겁다
気まずい (きまずい)	서먹서먹하다
煙たい (けむたい)	냅다 / 거북하다
険しい (けわしい)	험하다, 가파르다 / 험상궂다, 험악하다
何気ない (なにげない)	아무렇지도 않다, 별 생각도 없다
ばからしい	바보스럽다, 어리석다
もったいない	아깝다
緩い (ゆるい)	느슨하다, 헐렁하다, 헐겁다 / 엄하지 않다

な형용사

安価 (あんか)	값이 쌈
奇妙 (きみょう)	기묘함
幸福 (こうふく)	행복함
困難 (こんなん)	곤란함
最適 (さいてき)	최적임
逆さま (さかさま)	거꾸로 됨, 반대로 됨
不純 (ふじゅん)	불순함
不本意 (ふほんい)	불본의, 본의가 아님, 바라는 바가 아님
膨大 (ぼうだい)	방대함
尤も (もっとも)	당연함, 지당함
厄介 (やっかい)	귀찮음, 성가심

부사 or 접속사

あいにく	공교롭게도, 마침, 재수없게
いらいら	안절부절
思わず (おもわず)	엉겁결에, 무심코, 그만, 무의식 중에
ぐっと	꿀꺽, 쭉 / 감동이 되는 모양, 뭉클
しかも	게다가, 그 위에
次第に (しだいに)	서서히, 차츰, 점점

そう言えば	그러고 보니	次々	잇달아, 차례로, 계속하여
度々	자주, 여러 번, 번번이	はきはき	시원시원, 또렷또렷
つい	그만, 무심코 / (시간적·거리적으로) 바로	ばったり	뜻밖에 마주치는 모양, 딱 / 갑자기 쓰러지는 모양, 픽

カタカナ

アクセサリー	액세서리	ブーム	붐
オフィス	오피스	ブレーキ	브레이크
キャプテン	캡틴	ベテラン	베테랑
トレーニング	트레이닝	ラッシュアワー	러시아워

관용구

道草を食う	도중에 다른 일로 시간을 허비하다, 도중에 딴짓하다	氷山の一角	빙산의 일각
猫の手も借りたい	고양이 손이라도 빌리고 싶다, 매우 바쁘다	水の泡になる	물거품이 되다, 허사가 되다
猫の額	매우 좁음	舌を巻く	혀를 내두르다

07 연습문제

問題1 ＿＿＿の言葉の読み方として最もよいものを、1・2・3・4から一つ選びなさい。

1 立て札^{たふだ}に「芝生に入るべからず」と書いてあった。

　　1 しばせい　　　2 しばしょう　　　3 しばい　　　4 しばふ

2 その汽車は大自然の中、長い鉄橋をゆっくり走った。

　　1 てつきょう　　2 てっきょう　　　3 てつきょ　　4 てっきょ

3 為替レートは時々刻々^{じじこっこく}と変わっている。

　　1 ためかえ　　　2 かわせ　　　　　3 いたい　　　4 なしかえ

4 彼らは命の危険を冒して吹雪の山を登った。

　　1 ふぶき　　　　2 すいせつ　　　　3 ふきゆき　　4 すいゆき

5 憲法^{けんぽう}14条では、法の下ではみんな平等である。

　　1 へいどう　　　2 へいとう　　　　3 びょうどう　4 びょうとう

問題2 ＿＿＿の言葉を漢字で書くとき、最もよいものを1・2・3・4から一つ選びなさい。

1 配送料金を決定するためには、荷物の重さをはかる必要がある。

　　1 量る　　　　　2 計る　　　　　　3 測る　　　　4 図る

2 犬と猫は、もともと同じそせんの動物だった。

　　1 組先　　　2 祖先　　　3 粗先　　　4 阻先

3 今はただ、行方不明者全員の無事生還をいのるのみです。

　　1 斥る　　　2 折る　　　3 近る　　　4 祈る

4 駅前の広場には大きなふんすいがある。

　　1 憤水　　　2 墳水　　　3 噴水　　　4 慎水

5 この種苗店では色々ななえや種を売っている。

　　1 苗木　　　2 苗　　　3 描　　　4 猫

問題3　（　　　）に入れるのに最もよいものを1・2・3・4から一つ選びなさい。

1 彼は人（　　）の努力をして巨額の富を築いた。

　　1 一倍　　　2 二倍　　　3 三倍　　　4 何倍

2 コミュニケーション能力を高めるためには、良い聞き（　　）になることが重要だ。

　　1 足　　　2 手　　　3 者　　　4 人

3 暖かい日（　　）でうとうとしているヒヨコの姿はとても可愛い。

　　1 ざし　　　2 あたり　　　3 なた　　　4 より

4 先日、自動車で走っていたら、横道から猫が（　　）出してきて、びっくりした。

　　1 転び　　　2 歩き　　　3 走り　　　4 飛び

5 日本は優勝を目(　)して全力で戦ったが、惜しくも逆転負け(ぎゃくてんま)けした。

　　1 指　　　　　2 標　　　　　3 的　　　　　4 盛

問題4 (　　　　)に入れるのに最もよいものを1・2・3・4から一つ選びなさい。

1 花粉症で鼻水や(　)が止まらない。

　　1 いねむり　　2 あくび　　　3 くしゃみ　　4 いびき

2 除雪(じょせつ)作業のあと、ストーブで手を(　)。

　　1 やいた　　　2 とかした　　3 こがした　　4 あぶった

3 まだ壊れていないのに捨てるなんて(　)。

　　1 あつかましい　　　　　　　2 もったいない
　　3 おしい　　　　　　　　　　4 おもいがけない

4 映像(えいぞう)を不快に感じた視聴者からは(　)の電話が殺到(さっとう)したという。

　　1 苦情　　　　2 注目　　　　3 反対　　　　4 賛成

5 その子の囲碁(いご)の腕の見事さには(　)を巻いた。

　　1 腰　　　　　2 腕　　　　　3 頭　　　　　4 舌

6 人は自分より立場が弱い人間には、(　)油断して本性(ほんしょう)を見せやすくなる。

　　1 ついに　　　2 つい　　　　3 いまに　　　4 いまにも

7 私の(　)一言が彼女を傷付けてしまった。

　　1 みっともない　2 だらしない　3 なにげない　4 くだらない

問題5 ＿＿＿の言葉に意味が最も近いものを1・2・3・4から一つ選びなさい。

1 学費を補うため、週に5日パン屋でバイトをしている。

　　1 補充する　　2 補強する　　3 補完する　　4 補給する

2 人の話に横から割り込んでくる人は、支配欲が強く、寂しがり屋な人だと言われている。

　　1 割り勘する　　　　　　　2 焼きもちを焼いてくる
　　3 口を出す　　　　　　　　4 割り箸する

3 君が裏切ったのだから、彼女が怒るのももっともだ。

　　1 仕返し　　2 当たり前　　3 確実　　4 納得

4 私がこの会社に入ったのは決して腰掛のつもりではない。

　　1 一時的　　2 年収　　3 出世　　4 終身

5 キリスト教とイスラム教の対立の根は深い。

　　1 理解　　2 傾向　　3 性格　　4 原因

問題6 次の言葉の使い方として最もよいものを1・2・3・4から一つ選びなさい。

1 改定

　　1 待っていた改定版が出たので、早速(さっそく)購入した。
　　2 来年度から新幹線の運賃が改定されるそうだ。
　　3 今回の事件を機に、少年法を改定すべきだ。
　　4 憲法の改定をめぐって与野党が激しく対立している。

2 姿勢

1 現状を良い方向へ変えるためには、前向きな姿勢が重要だ。
2 夜型人間よりも朝型人間のほうが、健康に良い姿勢であることは知られている。
3 彼らはその知らせに驚いた姿勢だった。
4 情報通信は、現代社会において重要な姿勢を占めている。

3 工夫

1 台風の被害で屋根が壊れ、工夫さんに直してもらった。
2 息子は試験を一週間後に控えて一生懸命工夫している。
3 子供たちがもっと楽しく勉強できるよう、新しい方法を工夫しましょう。
4 資金の工夫が先決問題だ。

4 思わず

1 電車の中で隣のカップルの話を聞いて、思わず一人で笑ってしまった。
2 子供の事故は、思わずところで起こることが多い。
3 電車の中に思わずして傘を置き忘れてしまった。
4 大学に入るまでに友達と色んなところに旅行するなど、思わず遊びたい。

5 あいにく

1 火事にならなかったことが、不幸中のあいにくでした。
2 私は彼を訪ねたが、あいにく留守だった。
3 このラーメン屋に来るのは1年ぶりだけど、あいにく美味しいね。
4 あいにく雨が降り出しそうな空模様だ。

PART 8

동사

扇ぐ(あおぐ)	부채질하다
商う(あきなう)	장사하다
争う(あらそう)	(옥신각신) 싸우다, 말다툼하다 / 우열을 가리다, 경쟁하다
受かる(うかる)	합격하다
うなずく	수긍하다, 고개를 끄덕이다
思い付く(おもいつく)	(문득 새로운) 생각이 떠오르다
卸す(おろす)	도매하다
お詫び申し上げる(おわびもうしあげる)	사죄 드리다
隠れる(かくれる)	숨다
くっつける	붙이다
超える(こえる)	〈수량·기준·한도〉 넘다, 웃돌다, 초과하다
越える(こえる)	〈장소·시간·점〉 넘다, 지나가다
ことだ	~해야 한다, ~하는 것이 좋다
敷く(しく)	깔다, 펴다
締め切る(しめきる)	마감하다
しゃがむ	쭈그리고 앉다, 웅크리고 앉다
逸れる(それる)	빗나가다, 벗어나다
飛び込む(とびこむ)	뛰어들다
払い込む(はらいこむ)	납부하다
引き止める(ひきとめる)	(싸움 등을) 말리다 / (사직 등을) 만류하다 / (손님 등을) 붙들다, 붙잡다
引っ込む(ひっこむ)	틀어박히다
ふざける	까불다, 장난치다
へりくだる	겸양하다, 상대를 높이고, 자기를 낮추다
まとめる	한데 모으다
見つかる(みつかる)	발견되다
儲ける(もうける)	벌다, 이익을 얻다 / (해야 할 일을 하지 않아도 되어) 덕을 보다 / (자식을) 얻다

潜る	잠수하다 / 기어들다	止す	그만두다, 중지하다
持つ	지속하다, 지탱하다, 견디다	呼びかける	호소하다

음독 명사

悪魔	악마	焦点	초점
一瞬	일순, 순간	贅沢	사치, 사치스러움
違法	위법	世間	세간, 세상
円周	원주	雑巾	걸레
応援	응원	倉庫	창고
改正	(법 등의) 개정	(お)葬式	장례식
感覚	감각	総収入	총수입
間隔	간격	損得	손실과 이득
環境	환경	太鼓	북
規準	규준	体操	체조
区域	구역	地球温暖化	지구 온난화
蛍光	형광	通帳	통장
行為	행위	都合	형편, 사정 〈명〉 / 도합, 합계, 총계 〈부〉
硬貨	경화, 동전	透明	투명
誤解	오해	鉄筋	철근
支配	지배	特急	특급
終了	종료	内閣	내각
寿命	수명		

熱帯	ねったい	열대
納税	のうぜい	납세
犯行	はんこう	범행
皮肉	ひにく	빈정거림, 비꼼
氷山	ひょうざん	빙산
不(=無)器用	ぶきよう	손재주가 없음
包帯	ほうたい	붕대
翻訳	ほんやく	번역
面積	めんせき	면적
役者	やくしゃ	배우
輸出	ゆしゅつ	수출
輸入	ゆにゅう	수입
由来	ゆらい	유래
予測	よそく	예측
落第	らくだい	낙제
陸地	りくち	육지
量	りょう	량
旅券	りょけん	여권
和英	わえい	일영, 일본어와 영어
和菓子	わがし	일본식 과자

훈독 명사

命	いのち	목숨, 생명
大当たり	おおあたり	대성공, 히트, 대박 / (추첨 등에서) 크게 당첨됨
書留	かきとめ	등기 우편
革靴	かわぐつ	가죽 신발
独楽	こま	팽이
白髪	しらが	백발, 흰머리
台詞	せりふ	대사
種	たね	씨, 씨앗 / 사물의 근원, 원인, 발단 / (이야기나 소설 등의) 재료, 거리
並	なみ	보통 〈명〉 / ~과 같은 수준[정도] 〈접미어〉 / 줄지음, 늘어섬 〈접두어·접미어〉
人気者	にんきもの	인기인
ぼろ		허점, 결점
八百長	やおちょう	미리 짜고 하는 엉터리 시합, 승부조작
八百屋	やおや	채소 가게
家賃	やちん	집세
脇	わき	겨드랑이, 옆구리 / 옆, 곁 / 엉뚱한 데, 딴 데

い형용사

薄暗い (うすぐらい)	조금 어둡다, 어둑하다	憎らしい (にくらしい)	얄밉다, 밉살스럽다
思いがけない	뜻밖이다, 의외다, 예상 밖이다	等しい (ひとしい)	같다, 똑같다, 동일하다
つまらない	시시하다, 하찮다, 보잘것없다 / 재미없다	醜い (みにくい)	추하다, 보기 흉하다
		めでたい	경사스럽다, 축하할 만하다

な형용사

哀れ (あわれ)	불쌍함, 가엾음, 딱함	積極的 (せっきょくてき)	적극적임
好調 (こうちょう)	호조	素朴 (そぼく)	소박함
幸い (さいわい)	다행임 〈な〉 / 다행히 〈부〉	不審 (ふしん)	불심, 수상함, 의심스러움
盛ん (さかん)	번성함, 왕성함	豊か (ゆたか)	풍족함, 부유함, 풍부함
順調 (じゅんちょう)	순조로움	わずか	근소함, 조금, 약간, 불과

부사 or 접속사

改めて (あらためて)	다시, 새삼스럽게	続々と (ぞくぞくと)	속속, 잇달아, 연이어, 끊임없이
一層 (いっそう)	한층, 더욱더	だって	하지만, ~라도, ~조차
ごくり	꿀꺽, 액체를 단숨에 마시는 모양이나 소리	だぶだぶ	옷이 헐렁한 모양, 헐렁헐렁
直に (じか に)	직접	着々と (ちゃくちゃくと)	일이 잘되어 가는 모양, 착착, 척척
直に (じき に)	머지않아, 곧	のんき	느긋함, (무사) 태평함, 걱정 없음
せっせと	열심히, 부지런히		

カタカナ

アウト	아웃	ジャーナリスト	저널리스트
アシスタント	어시스턴트	ノック	노크
イコール	같음	ブローチ	브로치
グループ	그룹	リットル	리터
サービス	서비스		

관용구

足を洗う（あしをあらう）	(나쁜 일에서) 손을 씻다, 발을 빼다
油を売る（あぶらをうる）	(작업 중에) 잡담을 하거나 하여 게으름을 피우다, 노닥거리다
水と油（みずとあぶら）	물과 기름, 상극
横になる（よこになる）	눕다
五十歩百歩（ごじっぽひゃっぽ）	오십보백보, 거의 같음, 비슷비슷함
七転び八起き（ななころびやおき）	칠전팔기
十人十色（じゅうにんといろ）	십인십색, 생각이나 취향이 제각각임
白を切る（しらをきる）	시치미를 떼다

08 연습문제

問題1 ＿＿＿の言葉の読み方として最もよいものを、1・2・3・4から一つ選びなさい。

1 人は誰でも<u>世間</u>知らずな時期がある。

　1 せいけん　　　　　　　　2 せけん
　3 せいかん　　　　　　　　4 せかん

2 ご<u>都合</u>が悪い時は、いつでもお電話ください。

　1 つごう　　　　　　　　　2 とごう
　3 つこう　　　　　　　　　4 とこう

3 フランス<ruby>革命<rt>かくめい</rt></ruby>が起きた一因は、王や貴族たちの<u>贅沢</u>な生活でもあると言われている。

　1 ほうさわ　　　　　　　　2 ぜいさわ
　3 ほうたく　　　　　　　　4 ぜいたく

4 仕事帰りに<u>八百屋</u>さんに寄ったら、変わった名前の野菜を売っていた。

　1 やおちょう　　　　　　　2 はっぴゃくおく
　3 やおや　　　　　　　　　4 はっぴゃくや

5 ダイビングライセンスを取得して、世界中の美しい海に<u>潜って</u>みたい。

　1 もぐって　　　　　　　　2 さぐって
　3 つかって　　　　　　　　4 ひたって

問題2 ＿＿＿の言葉を漢字で書くとき、最もよいものを1・2・3・4から一つ選びなさい。

1 皆さんの合格を心からおうえんしています。

　　1 応緩　　　2 応援　　　3 応暖　　　4 応爰

2 ラジオたいそうは、昭和3年に「いつでも、どこでも、だれでも」気軽にできる優れた健康法として考案された。

　　1 体操　　　2 休操　　　3 体燥　　　4 休燥

3 小さい頃、こま回しなどをして遊んでいた。

　　1 娯楽　　　2 子馬　　　3 竹馬　　　4 独楽

4 だいたい3歳ぐらいになると、にくらしいことを言ったりやったりするようになる。

　　1 増らしい　　2 贈らしい　　3 憎らしい　　4 層らしい

5 球場には2万人をこえる観客が押し寄せた。

　　1 貰える　　2 超える　　3 越える　　4 過える

問題3 （　　）に入れるのに最もよいものを1・2・3・4から一つ選びなさい。

1 辞表を出すと言う同僚を説得したが、引き（　）ことはできなかった。

　　1 だす　　　　　　　　2 かえる
　　3 とめる　　　　　　　4 さく

2 彼は芸能界の情報(　　)としてよく知られている。

　　1 通　　　　2 原　　　　3 源　　　　4 網

3 地球温暖(　　)の影響で、世界各地で様々な現象(げんしょう)が起こっている。

　　1 的　　　　2 性　　　　3 風　　　　4 化

4 彼のアイデアは(　　)当たりして海外にまで支店を出すようになった。

　　1 太　　　　2 大　　　　3 多　　　　4 最

5 このレシピさえあれば、素人(しろうと)でもプロ(　　)の料理が作れます。

　　1 同　　　　2 急　　　　3 並　　　　4 腕

問題4 (　　　　)に入れるのに最もよいものを1・2・3・4から一つ選びなさい。

1 議論がまとまりそうにないので、もう少し(　　)を絞(しぼ)って話し合いましょう。

　　1 視線　　　　　　　2 焦点
　　3 結果　　　　　　　4 見当

2 ラップして冷蔵保存しておけば、一週間は(　　)。

　　1 もちます　　　　　2 いきます
　　3 つづきます　　　　4 すぎます

3 お客さんたちは店員の(　　)の悪さに皆がっかりした。

　　1 ユーモア　　　　　2 ベテラン
　　3 サービス　　　　　4 アシスタント

4 子供たちは(　)事故やトラブルに巻き込まれることが多い。

　　1 あわただしい　　　　　　2 あっけない
　　3 思いつかない　　　　　　4 思いがけない

5 青木君は仕事をサボって一体どこで(　)を売っているんだろう。

　　1 塩　　　　　　　　　　　2 油
　　3 砂糖　　　　　　　　　　4 しょうゆ

6 東京オリンピックに向けて、東京を中心に(　)と準備が進んでいる。

　　1 いきなり　　　　　　　　2 ぞくぞく
　　3 くれぐれも　　　　　　　4 ちゃくちゃく

7 彼は暴力団から(　)を洗って新しい人生を始めた。

　　1 手　　　　　　　　　　　2 頭
　　3 顔　　　　　　　　　　　4 足

問題5 ＿＿＿の言葉に意味が最も近いものを1・2・3・4から一つ選びなさい。

1 お願いですから、そうやって人をからかうのはよしてください。

　　1 とどまってください　　　2 どいてください
　　3 やめてください　　　　　4 とめてください

2 昔、だぶだぶのジーンズが流行っていた時もある。

　　1 ぴったりの　　　　　　　2 きつい
　　3 ありあまる　　　　　　　4 丈夫な

3 B容疑者は「その場所に行ったこともない」と、あくまで白を切った。

1 知ったかぶりをした　　2 告白した
3 白状した　　　　　　　4 知らないふりをした

4 彼はいつもへりくだった物の言い方と態度を見せている。

1 腰が低い　　　　　　2 生意気な
3 静かな　　　　　　　4 堂々とした

5 財産分与が争いの種だった。

1 関係　　　　　　　　2 原因
3 問題　　　　　　　　4 感情

問題6 次の言葉の使い方として最もよいものを1・2・3・4から一つ選びなさい。

1 ことだ

1 気晴らしで海外旅行にでも行きたいことだ。
2 幼いころ友達とここでよく遊んだことだ。
3 風邪を引いた時はゆっくり休むことだ。
4 油は水より密度が小さいため水に浮くことだ。

2 卸す

1 この八百屋さんは、学校や飲食店にも野菜を卸しているそうだ。
2 現金の持ち合わせがなかったので、銀行に寄ってお金を卸してきた。
3 あそこの横断歩道の前で卸してください。
4 赤字が続いて、結局看板を卸すことになった。

3 儲ける

1 準備ができるまで時間を儲けてくれ。
2 彼は競馬で1億円儲けたそうだ。
3 息子はアルバイトをして月に10万円儲けている。
4 家事を手伝って、母からお小遣いを儲けた。

4 のんき

1 たまには家でのんきと時間を過ごしたい。
2 私も彼ものんきな性格で、しょっちゅう喧嘩が絶えません。
3 彼がのんきで言っているのか、それとも冗談なのか分からない。
4 あと一ヶ月で大学入試なのに、息子はのんきに遊んでばかりいる。

5 それる

1 印刷がそれているので読みにくい。
2 話は完全に脇道にそれてしまった。
3 この道をまっすぐ行って、突き当たりを右にそれてください。
4 道路にそれて、桜並木がずらっと続いている。

PART 9

동사

あがる	긴장하다, 얼다
言い出す	말을 꺼내다
言い付ける	고자질하다
動かす	움직이다
打ち上げる	쏘아 올리다
気付く	알아차리다, 눈치채다
心得る	알다, 이해하다 / (기예 등의) 소양을 지니다
こぼれる	넘쳐 흐르다
殺す	죽이다
ささやく	속삭이다, 소곤거리다
しびれる	저리다, 마비되다
絞る	(물기를) 짜다 / (목소리·생각 등을) 쥐어짜다
背負う	짊어지다
立ち止まる	멈추어 서다
つぶす	찌그러뜨리다, 으깨다
つまずく	발이 걸려 넘어질 뻔하다, 채여서 비틀거리다
積む	쌓다, 거듭하다
直す	고치다 / 〈ます형에 붙어〉 다시 ~하다
匂う	향내가 나다, 향기가 풍기다 / 수상한 낌새가 있다
延べる	(개켜서 포개 놓은 것을) 펴다, 펴서 깔다
流行る	유행하다 / (병 등이) 널리 퍼지다, 만연하다
引っかかる	걸리다
引っ張る	끌다, 끌어당기다
蒸す	(음식 등을) 찌다 〈타〉 / (날씨가) 찌다 〈자〉
胸を打つ	감동시키다, 심금을 울리다

음독 명사

圧縮(あっしゅく)	압축
意識(いしき)	의식
一致(いっち)	일치
一服(いっぷく)	차를 한 잔 마심, 담배를 한 대 피움 / (차를 마시거나 담배를 피우며) 잠시 쉼
会談(かいだん)	회담
概論(がいろん)	개론
括弧(かっこ)	괄호
火災(かさい)	화재
漁船(ぎょせん)	어선
区別(くべつ)	구별
警告(けいこく)	경고
警備(けいび)	경비
怪我(けが)	부상, 상처
謙遜(けんそん)	겸손
講演(こうえん)	강연
収容(しゅうよう)	수용
順々(じゅんじゅん)	차례대로, 순서대로
定規(じょうぎ)	자
常識(じょうしき)	상식
諸国(しょこく)	제국
初対面(しょたいめん)	첫 대면
炊事(すいじ)	취사
頭脳(ずのう)	두뇌
栓(せん)	마개 / (수도) 꼭지
選択肢(せんたくし)	선택지
尊敬(そんけい)	존경
対照(たいしょう)	대조
大部分(だいぶぶん)	대부분
多少(たしょう)	다소
注入(ちゅうにゅう)	주입
低学年(ていがくねん)	저학년
抵抗(ていこう)	저항
伝言(でんごん)	전언
電灯(でんとう)	전등
統一(とういつ)	통일
南米(なんべい)	남미
日課(にっか)	일과
範囲(はんい)	범위
被災(ひさい)	재해를 입음, 피해
必需品(ひつじゅひん)	필수품
批判(ひはん)	비판

評論(ひょうろん)	평론
付近(ふきん)	부근
文脈(ぶんみゃく)	문맥
遊説(ゆうぜい)	유세
郵送(ゆうそう)	우송
輸送(ゆそう)	수송
用途(ようと)	용도
余白(よはく)	여백
余裕(よゆう)	여유
和服(わふく)	일본 옷

훈독 명사

居所(いどころ)	있는 곳, 거처
田舎(いなか)	시골
祝(いわ)い	축하 / 축하 선물, 축의금 / 축하 행사
甥(おい)	남자 조카
お代(か)わり	같은 음식을 더 먹음
小銭(こぜに)	잔돈, 동전
生地(きじ)	옷감, 천, 직물 / 반죽
白髪(しらが)	백발
白身(しろみ)	흰자위
隅(すみ)	구석
炭(すみ)	숯
手拭(てぬぐ)い	수건
手間(てま)	(일을 하는 데 드는) 품, 수고, 시간
戸棚(とだな)	안에 선반을 단 장 〈찬장·신발장·책장 등의 총칭〉
虹(にじ)	무지개
歯車(はぐるま)	톱니바퀴
ふもと	산기슭
元(もと)~	전, 전직
行方(ゆくえ)	행방
両替(りょうがえ)	환전
別(わか)れ	이별
割引(わりびき)	할인

い형용사

怪(あや)しい	수상하다, 의심스럽다
うまい	맛있다 / 솜씨가 좋다, 잘한다

偉い	훌륭하다, 위대하다
恐ろしい	무섭다, 두렵다
難い	어렵다
痒い	가렵다
騒がしい	시끄럽다, 소란스럽다, 떠들썩하다
酸っぱい	시다, 시큼하다

な형용사

安易	안이함
謙虚	겸허함
爽やか	상쾌함
柔軟	유연함
消極的	소극적임
上品	고상함, 품위가 있음
多忙	다망함, 매우 바쁨
微妙	미묘함
見事	훌륭함, 멋짐, 뛰어남
身近	자기 몸 가까운 곳, 신변 / 자기와 관계가 깊음
ゆうゆう	(행동이) 침착함, 느긋함 / (시간적으로) 충분히 여유가 있는 모양, 느긋함

부사 or 접속사

今にも	지금 당장이라도, 곧
いわゆる	소위, 이른바, 흔히 말하는
浮き浮き	(신이 나서) 마음이 들뜬 모양
大いに	크게, 대단히
自ずと	저절로
主に	주로
先程	아까
せめて	적어도, 최소한
そのうち	멀지 않아, 가까운 시일 안에
大して	〈부정어가 따르며〉 그다지, 그리, 별로
だけあって	~인 만큼 (당연히, 걸맞게)
たっぷり	듬뿍, 많이, 충분히
こっそり	몰래, 살짝

カタカナ

アイロン	다리미		ベテラン	베테랑
アマチュア	아마추어		ユーモア	유머
ウール	양모, 털실		レート	비율
ダイヤ	철도의 운행표 / 다이아몬드		ロマンチック	로맨틱

관용구

赤_{あか}の他人_{たにん}	생판 남, 전혀 관계가 없는 사람		目_めがない	매우 좋아하다, 사족을 못 쓰다
後_{あと}の祭_{まつ}り	행차 뒤의 나팔, 사후 약방문		目_めを通_{とお}す	대강 훑어보다
大目_{おおめ}に見_みる	관대하게 봐주다		目_めと鼻_{はな}の先_{さき}	엎어지면 코 닿을 데, 매우 가까운 거리

09 연습문제

問題1 ＿＿＿の言葉の読み方として最もよいものを、1・2・3・4から一つ選びなさい。

1 最近、夜になっても蒸し暑くてなかなか眠れなかった。

1 おし　　　2 かし　　　3 むし　　　4 さし

2 忙しい都会から離(はな)れて、のどかな田舎で暮らしたい。

1 いなか　　2 せなか　　3 たなか　　4 おなか

3 この雑誌は主に主婦に読まれている。

1 しゅに　　2 おもに　　3 とっくに　　4 げんに

4 日傘(ひがさ)を差すことに抵抗感を感じる男性は圧倒的(あっとうてき)に多い。

1 ぜいこう　　2 ていはん　　3 ぜいはん　　4 ていこう

5 炭には、湿気や嫌な匂いを吸い取ってくれる効能があるそうです。

1 すみ　　2 ずみ　　3 たん　　4 だん

問題2 ＿＿＿の言葉を漢字で書くとき、最もよいものを1・2・3・4から一つ選びなさい。

1 自分でワンピースを作ろうと思って、きじを買ってきた。

1 記事　　2 雉　　3 木地　　4 生地

2 彼は現在スポーツ番組でサッカーひょうろん家として活躍している。

　　1 評輪　　　　2 評論　　　　3 平輪　　　　4 平論

3 一人暮らしを始めたが、すいじが面倒(めんどう)くさい。

　　1 炊事　　　　2 吹事　　　　3 欠事　　　　4 次事

4 本当のえらい人は、えらくなればえらくなるほど頭が低くなるものだ。

　　1 緯い　　　　2 違い　　　　3 偉い　　　　4 衛い

5 彼女は知識が豊富(ほうふ)なので周りからそんけいされている。

　　1 尊敬　　　　2 尊驚　　　　3 尊警　　　　4 噂驚

問題3 （　　）に入れるのに最もよいものを1・2・3・4から一つ選びなさい。

1 父の会社が倒産し、進学をあきらめて働くしか選択（　）はなかった。

　　1 肢　　　　2 枝　　　　3 技　　　　4 支

2 さすが（　）アナウンサーだけあって、素晴らしい演説だった。

　　1 前　　　　2 旧　　　　3 元　　　　4 先

3 （　）血圧による代表的な症状は、「朝が弱くてなかなか起きられない」というものです。

　　1 小　　　　2 低　　　　3 幼　　　　4 弱

4 次の間違った文章をできるだけ自然に書き（　）ください。

　　1 うつして　　2 とって　　3 つづけて　　4 なおして

5 (　)対面なのに呼び捨てにするのは良くない。

　　1 始　　　　2 初　　　　3 新　　　　4 面

問題4（　　　）に入れるのに最もよいものを1・2・3・4から一つ選びなさい。

1 夜中に家を(　)抜け出すところを、両親に見つかってしまった。

　　1 すっきり　　2 くっきり　　3 こっそり　　4 そっくり

2 大勢の前なので(　)しまい、ろくに意見も言えなかった。

　　1 たもって　　2 あがって　　3 くだって　　4 ねだって

3 木村先生は教え方が上手い上に、(　)のセンスもあるので人気がある。

　　1 ユーモア　　　　　2 ロマンチック
　　3 タイプ　　　　　　4 ハンサム

4 このケーキには生クリームとフルーツが(　)入っていて、美味しい。

　　1 めったに　　2 めっきり　　3 どっぷり　　4 たっぷり

5 うちの娘は甘いものには目が(　)。

　　1 ない　　　　2 よわい　　　3 いい　　　　4 ある

6 虫刺され(むしさされ)が(　)たまらない。

　　1 かしましくて　2 かゆくて　　3 おそろしくて　4 のろくて

7 長時間座っていたら足が(　)。

　　1 さびる　　　2 かびる　　　3 しびれる　　4 まびれる

問題5 ＿＿＿の言葉に意味が最も近いものを1・2・3・4から一つ選びなさい。

1 警察は脱走した犯人の行方を追及している。

　　1 在宅　　　　2 居所　　　　3 定住　　　　4 住居

2 今朝起きたら、ホテルから見える山は見事な雪景色だった。

　　1 上品　　　　2 豪華　　　　3 立派　　　　4 独特

3 昇給までは期待しないが、せめて有給休暇ぐらいは使いたい。

　　1 しだいに　　　　　　　　2 いちだんと
　　3 ようやく　　　　　　　　4 すくなくとも

4 人工衛星を軌道まで打ち上げるには、たいへんなエネルギーが必要だ。

　　1 発射する　　2 発砲する　　3 的中する　　4 射撃する

5 彼はやる気のない部下の扱い方をよく心得ている。

　　1 説教している　　　　　　2 承知している
　　3 世話している　　　　　　4 工夫している

問題6 次の言葉の使い方として最もよいものを1・2・3・4から一つ選びなさい。

1 積む

　　1 夕べから降り続いた雪は30センチも積んだ。
　　2 ちりも積めば山となる。
　　3 誰でも失敗に失敗を積んで、やっと成功にたどり着く。
　　4 その分野の経験を積まないことには、成功は実現できない。

2 だけあって

1 苦しい試合だっただけあって、優勝できて嬉しい。

2 彼は10年間アメリカに住んでいただけあって、やっぱり英語がうまい。

3 お好きなだけあって、どうぞ召し上がってください。

4 ここから新宿駅までどれだけあってかかりますか。

3 ダイヤ

1 地震の影響で電車のダイヤが乱れる。

2 自転車のダイヤがパンクして遅刻してしまった。

3 今は、ダイヤ式の電話はあまり見られなくなった。

4 彼女は今ダイヤ中なので甘い物はいっさい口にしない。

4 絞る

1 朝顔は日が当たるとしぼってしまいます。

2 しぼった空気が山を越える時に雨を降らせる。

3 問題を解決するために全員で知恵を絞り出した。

4 新聞紙を捨てる時は、紐で絞って束にして出してください。

5 今にも

1 今にも偉くなってみせる。

2 彼女は今にも泣き出しそうに目をうるうるさせていた。

3 あの事件は今にも解決されていないミステリーだ。

4 今にも悔やんでも、始まらない。

PART 10

동사

衰える	(힘·기세 등이) 쇠약해지다, 쇠퇴하다
片付く	정돈되다
枯れる	(초목이) 시들다, 마르다
砕ける	부서지다, 깨지다
狂う	미치다
暮れる	(해가) 저물다 / (계절·한 해가) 저물다
けなす	헐뜯다, 비방하다
凍える	(신체가) 얼다, 곱다
転ぶ	구르다, 쓰러지다, 넘어지다
救う	구하다, 구조하다
涼む	(더위를 피하여) 바람을 쐬다
擦れ違う	거의 스칠 정도로 가까이 지나 각기 반대 방향으로 가다 / 엇갈리다
備える	갖추다, 구비하다, 비치하다 / 대비하다
誓う	맹세하다
近づく	접근하다
取り出す	꺼내다, 끄집어내다
整う	정돈되다
並べる	줄지어 놓다, 죽 늘어놓다
煮る	삶다, 조리다
乗り越える	극복하다
拾う	줍다
ぶつける	부딪치다
振る舞う	행동하다
免れる	면하다, 피하다, 벗어나다
見合わせる	보류하다
もたれる	기대다 / 체하다, 트릿하다
譲る	물려주다, 양도하다 / 팔다, 팔아 넘기다 / 양보하다
割る	쪼개다 / 깨다, 깨뜨리다

음독 명사

偉人	いじん	위인
遺伝	いでん	유전
汚染	おせん	오염
海岸	かいがん	해안
家屋	かおく	가옥
覚悟	かくご	각오
勘定	かんじょう	계산, 대금 지불
緊迫	きんぱく	긴박
経済上	けいざいじょう	경제상
下車	げしゃ	하차
解熱剤	げねつざい	해열제
洪水	こうずい	홍수
公正	こうせい	공정
高性能	こうせいのう	고성능
交替	こうたい	교대 〈교대되는 일이 되풀이 될 때〉
交代	こうたい	교체 〈역할이 한 번만 바뀔 때〉
穀物	こくもつ	곡물
再開発	さいかいはつ	재개발
時差	じさ	시차
失格	しっかく	실격
熟睡	じゅくすい	숙수, 숙면
乗車	じょうしゃ	승차
承知	しょうち	(사정 등을) 알고 있음 / 승낙함
衝突	しょうとつ	충돌
進学率	しんがくりつ	진학률
水滴	すいてき	물방울
増減	ぞうげん	증감
測定	そくてい	측정
大臣	だいじん	장관
中継	ちゅうけい	중계
彫刻	ちょうこく	조각
提案	ていあん	제안
統治	とうち	통치
童謡	どうよう	동요
熱中	ねっちゅう	열중
発行	はっこう	발행
批評	ひひょう	비평
方々	ほうぼう	여기저기, 사방
牧畜	ぼくちく	목축
名誉	めいよ	명예

問答 (もんどう)	문답
遊園地 (ゆうえんち)	유원지
用心 (ようじん)	조심함, 주의함
要点 (ようてん)	요점
洋風 (ようふう)	양풍, 서양식

余暇 (よか)	여가
(お)礼 (れい)	답례, 사례
零 (れい)	영, 제로
湾 (わん)	만, 바다가 육지로 쑥 휘어져 들어간 곳

훈독 명사

合図 (あいず)	신호, 사인
うがい	양치질
岩 (いわ)	바위
黄身 (きみ)	노른자위
霧 (きり)	안개
粉 (こな)	가루
衣替え (ころもがえ)	(옷을) 갈아입음, 특히 철 따라 갈아입음
白身 (しろみ)	흰자위
畳 (たたみ)	다다미
手書き (てがき)	손으로 씀

手続き (てつづき)	수속, 절차
初め (はじめ)	〈일의 순서로서의〉처음, 시작
一口 (ひとくち)	한 입
平社員 (ひらしゃいん)	평사원
双子 (ふたご)	쌍둥이
真似 (まね)	흉내
火傷 (やけど)	화상
山 (やま)	산 / 고비 / 최고조, 절정, 클라이맥스 / (우연이나 요행을 노리는) 예상
湯気 (ゆげ)	김, 수증기

い형용사

甘い (あまい)	달다 / 엄하지 않다, 무르다, 야무지지 못하다, 안일하다, 안이하다, 만만하다
怪しい (あやしい)	이상하다, 수상하다, 의심스럽다
疑わしい (うたがわしい)	의심스럽다, 수상쩍다

堅い (かた)	견실하다, 건실하다 / 확실하다, 틀림없다	眩い (まばゆ)	눈부시다 / 눈부시게 아름답다
細かい (こま)	잘다 / 자세하다, 상세하다	眩しい (まぶ)	눈부시다 / 눈부시게 아름답다
しぶとい	끈질기다	目覚しい (めざま)	눈부시다, 눈이 번쩍 뜨일 만하다, 놀랄 만큼 훌륭하다
鋭い (するど)	날카롭다, 예리하다 / 예민하다		
晴れ晴れしい (はば)	(마음에 그늘진 데가 없이) 밝다, 상쾌하다	ややこしい	복잡하다, 까다롭다

な 형용사

格別 (かくべつ)	각별함, 특별함, 유별남	そっくり	꼭 닮은 모양
下品 (げひん)	품위가 없음	退屈 (たいくつ)	지루함, 따분함
厳重 (げんじゅう)	엄중	平ら (たい)	평평함, 납작함
純粋 (じゅんすい)	순수함	でこぼこ	울퉁불퉁함
詳細 (しょうさい)	상세함	莫大 (ばくだい)	막대함
上等 (じょうとう)	뛰어남, 훌륭함	不器用 (ぶきよう)	손재주가 없음
健やか (すこ)	건강함		

부사 or 접속사

あいにく	마침, 공교롭게도, 재수없게도	ごつん	툭, 탁, 무거운 물체가 부딪치는 모양, 또는 그 소리
がらがら	속이 비어 있는 모양, 텅텅 / 덜렁덜렁, 덤벙덤벙	さっさと	빨랑빨랑, 후딱후딱, 냉큼냉큼
きっぱり	딱 잘라, 단호하게	しきりに	자꾸만, 끊임없이, 계속해서

但(ただ)し	단, 다만
にっこり	생긋, 방긋
はじめに	처음에
正(まさ)に	정말로, 바로
めったに	(부정의 말이 따름) 좀처럼
わりに[と]	비교적

カタカナ

イメージ	이미지
ウーマン	여자
カーブ	커브
グランド	그랜드, 대형의
サイレン	사이렌
トップ	톱
プラットホーム	플랫폼, 승강장
ポイント	포인트

관용구

관용구	뜻
口(くち)が上手(うま)い	말솜씨가 좋다
口(くち)を利(き)く	말하다, 이야기하다
耳(みみ)が痛(いた)い	귀가 따갑다, 남의 말이 자신의 약점을 찔러 듣기 괴롭다
耳(みみ)が遠(とお)い	귀가 어둡다, 귀가 잘 들리지 않다
耳(みみ)を貸(か)す	(상대의 이야기를) 들어주다, 들으려 하다

10 연습문제

問題1 ＿＿＿＿の言葉の読み方として最もよいものを、1・2・3・4から一つ選びなさい。

1 火傷を負った場合は、まず冷水でよく冷やしましょう。

　　1 ひきず　　　2 やけど　　　3 かしょう　　　4 ひやけ

2 昨日から降り続いた大雨の影響で、各地で洪水や地滑りが起きた。

　　1 こうずい　　2 こうすい　　3 きょうすい　　4 きょうずい

3 三清洞に行ったら、マネキンの真似をする人がいた。

　　1 しんに　　　2 まじ　　　　3 しんじ　　　　4 まね

4 妻の誕生日に遅く帰宅したが、プレゼントを買っていったので怒られるのを免れた。

　　1 のがれた　　2 さけられた　3 まぬかれた　　4 めんれた

5 熱が40度近くまで上がったので、解熱剤を飲んだ。

　　1 はいねつざい　2 げねつざい　3 かくねつざい　4 かいねつざい

問題2 ＿＿＿＿の言葉を漢字で書くとき、最もよいものを1・2・3・4から一つ選びなさい。

1 チョークのこなを吸い込むと、体に悪影響を及ぼすと言う。

　　1 霧　　　　　2 粒　　　　　3 粉　　　　　　4 紛

2 「当たってくだけよ」とは、成功するしないにかかわらず、なにごとも思い切って行動するべきであるということだ。

　　1 砕け　　　　2 酔け　　　　3 枠け　　　　4 粋け

3 彼は何の根拠もないことを言って、他人のめいよを傷付けてしまった。

　　1 明挙　　　　2 名誉　　　　3 明誉　　　　4 名挙

4 この季節、5時ごろには既に日がくれて暗くなってしまう。

　　1 墓れて　　　2 幕れて　　　3 漠れて　　　4 暮れて

5 猫は音を聞き分けることができるするどい耳を持っているそうだ。

　　1 税い　　　　2 脱い　　　　3 鋭い　　　　4 閲い

問題3（　　　）に入れるのに最もよいものを1・2・3・4から一つ選びなさい。

1 彼は、経済（　）の理由から進学をあきらめたそうだ。

　　1 界　　　　　2 上　　　　　3 性　　　　　4 的

2 木村社長は（　）社員から一気に社長にまで昇進したそうだ。

　　1 低　　　　　2 並　　　　　3 平　　　　　4 初

3 地震の影響により全区間で運転を見（　）います。

　　1 あわせて　　2 すごして　　3 のがして　　4 やめて

4 最近、日本でも洋（　）デザインの住宅が多くなっている。

　　1 流　　　　　2 的　　　　　3 化　　　　　4 風

5 手先が(　)器用なので、細かい作業は苦手です。

　　1 否　　　　　2 非　　　　　3 不　　　　　4 未

問題4 (　　　　)に入れるのに最もよいものを1・2・3・4から一つ選びなさい。

1 電車の中は、混んでいると思ったら(　)に空いていた。

　　1 がらがら　　2 ぼろぼろ　　3 かたかた　　4 ばらばら

2 今朝、(　)のがやっとの狭い道でサイドミラー同士が接触してしまった。

　　1 ずれる　　　2 すれちがう　3 それる　　　4 ふれる

3 新入社員の皆さん、我が社の(　)を落とすような行為をしないように注意してください。

　　1 インパクト　2 サービス　　3 イメージ　　4 マイナス

4 人は年を取るにつれて、記憶力も体力も(　)いくものだ。

　　1 しずんで　　2 くさって　　3 おとろえて　4 つかれて

5 わずか数十年間でシンガポールは(　)経済成長を成し遂げた。

　　1 いさましい　2 まぶしい　　3 まばゆい　　4 めざましい

6 帰りの電車では、いつも椅子の端に座って手すりに(　)寝ている。

　　1 もたれて　　2 たおれて　　3 のぼって　　4 しゃがんで

7 稲刈りの日程は、(　)朝から雨で、中止となった。

　　1 めったに　　2 あいにく　　3 そのうち　　4 わずか

問題5 ＿＿＿の言葉に意味が最も近いものを1・2・3・4から一つ選びなさい。

1 よそ見しないでさっさと歩きなさい。

　　1 いっしょに　　2 はやく　　3 のろのろ　　4 ゆっくり

2 その双子(ふたご)の兄弟はそっくりだ。

　　1 似ている　　2 全てだ　　3 違っている　　4 変わっている

3 テストの山が外れて、良い点が取れなかった。

　　1 解答　　2 問題　　3 正解　　4 予想

4 今日は、一日中ほうぼうを歩き回ってくたくたになった。

　　1 まごまご　　2 ああだこうだ　　3 あちこち　　4 あれこれ

5 その旅行は、私の覚えている限りでは長くて退屈だった。

　　1 つまらなかった　　　　2 もうしわけなかった
　　3 くだらなかった　　　　4 とんでもなかった

問題6 次の言葉の使い方として最もよいものを1・2・3・4から一つ選びなさい。

1 合図

　　1 私の故郷(ふるさと)は合図にさえ載っていない小さな村です。
　　2 彼は私が送った合図に反応した。
　　3 人の合図などは受けたくない。
　　4 二人はとても仲が良く、とても合図が良い。

2 はじめ

1 もう一度はじめからやり直してください。
2 東京へ来てからこんなに暑い日ははじめです。
3 彼にはじめ会ったのは、私が二十歳の時だった。
4 入学式では、まずはじめ校長先生からのお話があります。

3 交替

1 看護師さんの勤務形態は3交替制がほとんどです。
2 このリンゴをそのみかんに交替してもらえませんか。
3 南米チリで20年ぶりに政権が交替した。
4 ハワイ旅行のため、円をドルに交替した。

4 乗り越える

1 信号機が赤信号の時に停止線を乗り越えてしまった。
2 就職活動を始めるにあたって、先輩に相談に乗り越えてもらった。
3 危ないからトンネルでは前の車を乗り越えてはいけない。
4 彼は逆境(ぎゃっきょう)を乗り越えて見事に成功した。

5 トップ

1 ここをクリックすると、トップページに戻れます。
2 松葉杖(まつばづえ)をついてでも、コンサートのトップに立ちたかった。
3 寝る前に、目覚まし時計を7時にトップしておいた。
4 ご期待に応えられるようトップを尽くしてまいります。

PART 11

동사

商(あきな)う	장사하다
預(あず)ける	맡기다
甘(あま)やかす	응석부리게 하다, 응석을 받아 주다
余(あま)る	남다
打(う)ち明(あ)ける	(비밀·고민 등을) 털어놓다
移(うつ)る	(위치·장소·지위·소속 등이) 바뀌다, 옮겨지다
追(お)い越(こ)す	추월하다
補(おぎな)う	보충하다, 메우다
納(おさ)める	납부하다
収(おさ)める	(결과를) 거두다 / 넣다, 담다
治(おさ)める	치료하다, 고치다 / (소란·감정 등을) 진정시키다, 가라앉히다 / 다스리다, 통치하다
修(おさ)める	(심신·행실을) 닦다, 수양하다 / (학문·기예 등을) 닦다, 수학하다
帯(お)びる	(어떤 경향·성질·성분 등을) 띠다
数(かぞ)える	(수를) 세다
腰(こし)(を)かける	걸터앉다
逆(さか)らう	반대로 거슬러 나아가다, 역행하다 / 거역하다, 반항하다
沈(しず)む	가라앉다 / (해·달이) 지다
済(す)ませる	끝내다, 마치다
注(そそ)ぐ	(물 등을) 붓다, 따르다
蓄(たくわ)える	(나중에 쓰기 위해) 모아 두다, 비축하다
試(ため)す	시험해 보다
尖(とが)る	뾰족하다, 날카롭다 / 예민하다
慣(な)れる	길들다, 익숙해지다
掃(は)く	쓸다, 비질하다
話(はな)し込(こ)む	충분히 이야기하다
隔(へだ)てる	사이를 떼어 놓다

蒸む す	(음식을) 찌다 / (날씨가) 찌다, 무덥게 느끼다	譲ゆず る	양보하다 / 물려주다, 양도하다 / 팔다, 팔아 넘기다
恵めぐ まれる	(좋은 환경·기회·재능 등이) 주어지다, 혜택을 받다, 타고나다	寄よ せる	밀려오다, 접근하다, 다가오다

음독 명사

(囲)碁い ご	바둑	義務ぎ む	의무
意向い こう	의향	空想くうそう	공상
依存い そん	의존	激増げきぞう	격증
異動い どう	(인사) 이동	県けん	현
雨季う き	우기	建築けんちく	건축
運営うんえい	운영	光栄こうえい	(개인) 영광
栄光えいこう	(단체) 영광	貢献こうけん	공헌
恩恵おんけい	은혜	高齢化こうれいか	고령화
海水浴かいすいよく	해수욕	差さ	차
改正かいせい	(법 등의) 개정	事実じ じつ	사실
改定かいてい	(공공요금 등의) 개정	実際じっさい	실제
改訂かいてい	(책·사전 등의) 개정	首都圏しゅ と けん	수도권
改善かいぜん	개선	需要じゅよう	수요
回復かいふく	회복	状態じょうたい	상태
拡充かくじゅう	확충	勝負しょう ぶ	승부
観覧かんらん	관람	信仰しんこう	신앙

税金 (ぜいきん)	세금	美術 (びじゅつ)	미술
整数 (せいすう)	정수	武士 (ぶし)	무사
製品 (せいひん)	제품	浮上 (ふじょう)	부상
妥協 (だきょう)	타협	封建 (ほうけん)	봉건
妥結 (だけつ)	타결	防災 (ぼうさい)	방재
中旬 (ちゅうじゅん)	중순	牧場 (ぼくじょう)	목장
伝説 (でんせつ)	전설	募集 (ぼしゅう)	모집
輩出 (はいしゅつ)	(인재) 배출	摩擦 (まさつ)	마찰
排出 (はいしゅつ)	(유해 물질) 배출	模範 (もはん)	모범
発射 (はっしゃ)	발사	連敗 (れんぱい)	연패
版画 (はんが)	판화	論争 (ろんそう)	논쟁

훈독 명사

足 (あし)	발 / 교통기관, 탈것	手前 (てまえ)	바로 앞, 자기 앞
井戸 (いど)	우물	半ば (なかば)	(달력) 중순 / (나이) 중반
腕 (うで)	팔 / 솜씨, 기량, 실력	二枚舌 (にまいじた)	거짓말을 함, 앞뒤가 안 맞는 말을 함
首 (くび)	목 / 해고	星 (ほし)	별
現場 (げんば)	현장	呼び出し (よびだし)	호출
手取り足取り (てとりあしとり)	자잘한 부분까지 뒷바라지를 해 줌[보살펴 줌], 꼼꼼히 가르쳐 줌	訳 (わけ)	이유

い형용사

荒い	(태도·행동 등이) 거칠다, 난폭하다 / 세차다, 맹렬하다 / 헤프다	鈍い(にぶい)	무디다 / (머리가) 둔하다 / (동작이) 굼뜨다, 느리다
惜しい	아깝다, 유감스럽다	鈍い(のろい)	(머리가) 둔하다 / (동작이) 느리다, 더디다
くだらない	시시하다, 하찮다	みっともない	꼴불견이다, 꼴사납다
恋しい	그립다	みみっちい	쩨쩨하다, 인색하다
しつこい	집요하다		

な형용사

偶然	우연함	短気	성미가 급함
幸い	다행임 〈な〉 / 다행히 〈부〉	同様	같음, 다름없음, 마찬가지임
災い	재앙, 재난	斜め	비스듬함, 경사짐, 비낌
深刻	심각함	ぺこぺこ	배가 몹시 고픔 / 굽실굽실
慎重	신중함	陽気	밝고 쾌활함, 명랑함
素直	순진함, 순순함, 고분고분함		

부사 or 접속사

案外	의외(로), 뜻밖(에)	ずらり	잇달아 늘어선 모양, 죽
幾分	다소, 조금, 약간	~隻	~척(배를 세는 단위)
いそいそ	부랴부랴	どうせ	어차피
一斉に	일제히	何しろ	여하튼, 어쨌든, 아무튼

のんびり	한가로이, 느긋이	もしも	만약, 만일
非常に	상당히, 몹시	要するに	요컨대, 결국
めったに	(부정의 말이 따르며) 좀처럼, 거의		

カタカナ

ウェートレス	웨이트리스	パターン	패턴
タイヤ	타이어	ファクス	팩스
テキスト	교과서	マネー	머니, 돈
デコレーション	데코레이션, 장식	ユーモア	유머

관용구

手が空く	(일)손이 비다, 틈이 나다	気を配る	배려하다, 두루 마음을 쓰다
手が足りない	일손이 부족하다	猫を被る	얌전한 체하다
気が合う	마음이 맞다		

11 연습문제

問題1 ＿＿＿＿の言葉の読み方として最もよいものを、1・2・3・4から一つ選びなさい。

1 蒸したジャガイモの上に溶かしたチーズをかけて食べると美味しい。

　　1 ねっした　　2 むした　　3 さした　　4 さました

2 9回でも勝負がつかず、延長戦に入った。

　　1 しょうぶ　　2 しょふう　　3 しょぶう　　4 しょうふ

3 北朝鮮は弾道ミサイル発射実験を繰り返している。

　　1 はつさ　　2 はっさ　　3 はつしゃ　　4 はっしゃ

4 その店では魚と肉を商っている。

　　1 さからって　　2 たたかって　　3 あきなって　　4 あらそって

5 彼は最近、仕事のストレスで神経が尖っている。

　　1 とがって　　2 とかげって　　3 にぶって　　4 まがって

問題2 ＿＿＿＿の言葉を漢字で書くとき、最もよいものを1・2・3・4から一つ選びなさい。

1 いごはもともと古代中国で戦争の占いから生まれたものだ。

　　1 囲期　　2 囲基　　3 囲碁　　4 囲棋

2 最近、軽自動車を知人からゆずってもらった。

　　1 醸って　　　2 嬢って　　　3 譲って　　　4 壊って

3 この高校は毎年東大合格者を多数はいしゅつしている。

　　1 非出　　　2 悲出　　　3 排出　　　4 輩出

4 この季節になると、いくらはいても次から次へと落ち葉が落ちてくる。

　　1 尋いても　　　2 箒いても　　　3 掃いても　　　4 婦いても

5 太陽が東から出て西へしずむのは、地球が西から東へ自転しているからです。

　　1 沈む　　　2 枕む　　　3 組む　　　4 祖む

問題3（　　　）に入れるのに最もよいものを1・2・3・4から一つ選びなさい。

1 首都（　　）の今日の天気予報を天気マークでお伝え致します。

　　1 巻　　　2 圏　　　3 券　　　4 県

2 高齢（　　）がこのまま進むと、2055年には約2.5人に1人が高齢者という超高齢社会になるという。

　　1 的　　　2 風　　　3 化　　　4 性

3 後方のランナーが前のランナーを次々と追い（　　）いった。

　　1 出して　　　2 越して　　　3 込んで　　　4 かけて

4 無二の親友に悩みを（　　）明けたら、気持ちが楽になった。

　　1 受け　　　2 取り　　　3 打ち　　　4 引き

5 ご来店のお客様に、お(　)出し申し上げます。品川区の木村様いらっしゃいましたら、1階の案内所までお越しくださいませ。

　　1 伝え　　　　2 話し　　　　3 知らせ　　　　4 呼び

問題4 (　　　)に入れるのに最もよいものを1・2・3・4から一つ選びなさい。

1 一人暮らしを始めてから、前より料理の(　)があがった。

　　1 足　　　　2 手　　　　3 腕　　　　4 肩

2 最近はカッコいいよりも(　)センスのある男性の方が人気がある。

　　1 マイク　　　　2 ユーモア　　　　3 テキスト　　　　4 マネー

3 掛け時計が、いつの間にか(　)傾いていた。

　　1 あべこべに　　　　2 下に　　　　3 ななめに　　　　4 さかさまに

4 地震で家は倒れてしまったけれど、家族全員が無事だったのは不幸中の(　)だ。

　　1 辛い　　　　2 幸い　　　　3 幸せ　　　　4 幸

5 そんな(　)ことでくよくよするなよ。

　　1 掛け替えのない　　　　2 申し分ない　　　　3 せつない　　　　4 くだらない

6 3(　)の貨物船が停泊している。

　　1 隻　　　　2 台　　　　3 個　　　　4 船

7 (　)やらなければならないことなら、さっさと片付けてしまった方が楽だ。

　　1 どうぞ　　　　2 どうか　　　　3 どうせ　　　　4 どうも

問題5 ＿＿＿＿の言葉に意味が最も近いものを1・2・3・4から一つ選びなさい。

1 新しく買ったスマホの防水性能をテストしてみた。

　　1 ためて　　　2 ためして　　　3 だまして　　　4 だまって

2 最近、先生の言うことに逆らう生徒が増えているのは大問題だ。

　　1 無視する　　2 暴れる　　　　3 戦う　　　　　4 反抗する

3 人間というものは、自分以外に真似る手本がないと、めったに向上しないものだ。

　　1 ほとんど　　2 しきりに　　　3 むしろ　　　　4 めっきり

4 彼は申し訳なさそうに頭を掻きながら、彼女にぺこぺこしていた。

　　1 腹が減って　2 詫びて　　　　3 怒鳴られて　　4 告白して

5 イチロウ選手は12月半ばにアメリカから帰国するという。

　　1 下旬　　　　2 中旬　　　　　3 半月　　　　　4 上旬

問題6 次の言葉の使い方として最もよいものを1・2・3・4から一つ選びなさい。

1 納める

　　1 税金を納めるのは、国民の三大義務の一つである。
　　2 大谷選手の大活躍で日本チームが勝利を納めた。
　　3 美しい風景をカメラにたくさん納めた。
　　4 学問を納めるのに近道はない。

2 余る

1 今回の期末テストは、思ったより簡単だったので時間が余った。

2 最近30度を余る真夏日が続いている。

3 この風習は地方へ行くとまだ余っている。

4 昨日は仕事が終わらず、一番最後まで余って残業をしていた。

3 手前

1 手前にあるのが中学校で、その後ろが高校です。

2 息子が「今日はマグロが食べたい」と言ったので、近所の寿司屋から手前を取ることにした。

3 スマホのおかげで、多くの時間と手前が省けるようになった。

4 とんでもない手前を信じるなんて、あの人は間抜けに違いない。

4 異動

1 本社は新しいビルに異動しました。

2 当機は間もなく着陸態勢(ちゃくりくたいせい)に入りますので、席から異動しないで下さい。

3 4月に大幅な人事異動があるらしい。

4 メニューをクリックすると各ページへ異動することができます。

5 帯びる

1 ちょうどシャワーを帯びようとしていたところに、玄関のベルが鳴った。

2 彼の意見は保守的な傾向を帯びている。

3 このたびの件につきまして、重ねてお帯び申し上げますとともに、再発防止に努めて参ります。

4 息子は冬休みの間、急に背が帯びた。

PART 12

동사

歩む	(추상적) 걷다	湿る	눅눅해지다, 축축해지다
抱く	(마음에) 품다	済む	끝나다, 해결되다
売り付ける	강매하다, 억지로 사게 하다	そろう	갖추어지다
兼ねる	겸하다	戦う	(무력으로) 싸우다, 전쟁하다, 전투하다
砕く	부수다, 깨뜨리다	だます	속이다
肥える	(사람이나 동물이) 살찌다 / (땅이) 비옥하다 / (느낌이나 안목 등이) 높아지다, 풍부해지다	保つ	유지하다
		縮む	줄어들다
		散らかす	어지르다
こぐ	(배를) 젓다 / (자전거) 페달을 밟다, 타다 / (그네를) 타다, 구르다	詰める	채우다
		照らす	비추다, 비추어서 밝히다 / 비추어 보다, 대조하다
焦げる	타다, 눋다	溶け込む	녹아들다, 융화되다, 동화되다
こしらえる	만들다		
拘る	구애되다	延びる	(시간이) 연장되다, 연기되다
異なる	다르다		
支える	떠받치다, 지탱하다, 유지하다	話し出す	말을 꺼내다
		はめる	끼다, 끼우다
占める	차지하다	引っくり返す	뒤집다

| PART 12 | 131

일본어	뜻	일본어	뜻
引(ひ)っ張(ぱ)る	잡아당기다, 끌다	催(もよお)す	개최하다
響(ひび)く	(소리·진동이) 울리다	漏(も)らす	새게하다 / 누설하다
見直(みなお)す	다시 보다	ゆでる	데치다, 삶다
燃(も)える	(불)타다		

음독 명사

悪臭(あくしゅう)	악취	系図(けいず)	계보, 족보
悪天候(あくてんこう)	악천후	現実(げんじつ)	현실
案外(あんがい)	뜻밖(에), 의외(로)	広告板(こうこくばん)	광고판
緯度(いど)	위도	公式(こうしき)	공식
宇宙(うちゅう)	우주	材質(ざいしつ)	재질
雨天(うてん)	우천	寿命(じゅみょう)	수명
永久(えいきゅう)	영구	状況(じょうきょう)	상황
回収(かいしゅう)	회수	食糧(しょくりょう)	식량
改造(かいぞう)	개조	診察(しんさつ)	진찰
回転(かいてん)	회전	水筒(すいとう)	수통, 물통
可能性(かのうせい)	가능성	清潔(せいけつ)	청결
貨幣(かへい)	화폐	税収(ぜいしゅう)	세수, 세수입
観測(かんそく)	관측	製造(せいぞう)	제조
苦情(くじょう)	불평, 불만	対米(たいべい)	대미
屈折(くっせつ)	굴절	知恵(ちえ)	지혜
継承(けいしょう)	계승	追伸(ついしん)	추신

撤去	てっきょ	철거	返品	へんぴん	반품
把握	はあく	파악	包囲	ほうい	포위
爆発	ばくはつ	폭발	防止	ぼうし	방지
発射	はっしゃ	발사	防犯	ぼうはん	방범
範囲	はんい	범위	補充	ほじゅう	보충
繁華街	はんかがい	번화가	要領	ようりょう	요령
悲劇	ひげき	비극	予測	よそく	예측
疲労	ひろう	피로	例年	れいねん	예년
貧富	ひんぷ	빈부	列島	れっとう	열도
封筒	ふうとう	봉투	連続	れんぞく	연속
不潔	ふけつ	불결	労働	ろうどう	노동
舞踊	ぶよう	무용			

훈독 명사

勢い	いきおい	기운, 기세, 여세	手続き	てつづき	수속, 절차
丘	おか	언덕	泥	どろ	진흙
雷	かみなり	벼락, 천둥	納屋	なや	헛간
好み	このみ	기호, 취향	湖	みずうみ	호수
印	しるし	표 / 상징, 심벌 / 표시	向き	むき	~에게 알맞음, ~에게 적합함
隅	すみ	구석	向け	むけ	~용, ~을 대상으로 함
棚	たな	선반	群れ	むれ	떼, 무리
谷	たに	계곡	割合	わりあい	비율

い형용사

卑(いや)しい	(신분·지위가) 낮다, 천하다 / 초라하다 / (음식·금전 등에) 게걸스럽다, 탐욕스럽다	辛(つら)い	괴롭다, 고통스럽다
疑(うたが)わしい	의심스럽다	恋(こい)しい	그립다
清(きよ)い	(물이) 깨끗하다 / (도덕적·윤리적으로) 깨끗하다	懐(なつ)かしい	그립다, 정겹다
煙(けむ)たい	(연기로) 냅다, 맵다 / (가까이 하기가) 거북하다, 어렵다	苦(にが)い	쓰다
		温(ぬる)い	미지근하다
		ものすごい	대단하다, 굉장하다

な형용사

温厚(おんこう)	온후함	滑(なめ)らか	매끈매끈함 / 거침없음, 순조로움
地味(じみ)	수수함	にこやか	싱글벙글함
率直(そっちょく)	솔직함	のどか	마음이 편하고 한가로움
ぞんざい	무례함	はるか	(거리·시간이) 아득함
大胆(だいたん)	대담함		
貪欲(どんよく)	탐욕스러움		

부사 or 접속사

一遍(いっぺん)に	한 번에, 한꺼번에	何卒(なにとぞ)	부디, 아무쪼록, 제발
お構(かま)いなく	개의치 마시고	何分(なにぶん)	부디, 아무쪼록, 제발
かえって	오히려, 반대로	はきはき	(말·동작·태도 등이) 시원시원, 또렷또렷
しっかり	확실히, 똑똑히, 빈틈없이	必死(ひっし)に	필사적으로

やがて	이윽고, 머지않아	ほぼ	거의
やたらに	함부로, 무턱대고, 마구	ぼんやり	우두커니, 멍하게

カタカナ

オートメーション	오토메이션	ファイル	파일
シーズン	시즌	フォーカス	포커스
スーツケース	슈트케이스	ベスト	베스트
タイプ	타입	ポスター	포스터

관용구

足(あし)が出(で)る	적자가 나다	話(はなし)に花(はな)が咲(さ)く	이야기에 꽃이 피다
顔(かお)に泥(どろ)を塗(ぬ)る	얼굴에 먹칠을 하다	両手(りょうて)に花(はな)	(남자가) 여자들에게 둘러싸여 있음
口(くち)が堅(かた)い	입이 무겁다	白(しら)を切(き)る	시치미를 떼다, 모르는 체하다
虫(むし)が好(す)かない	어쩐지 마음에 들지 않다, 주는 것 없이 밉다		

12 연습문제

問題1 ＿＿＿の言葉の読み方として最もよいものを、1・2・3・4から一つ選びなさい。

1 知らないことがあって、ヤフーの<u>知恵</u>袋で検索してみた。

 1 じえ   2 じへ
 3 ちえ   4 ちけい

2 A社の顧客に対する無責任な態度にはもう<u>黙って</u>いられない。

 1 だまって   2 たまって
 3 さだまって   4 はまって

3 「<u>納屋</u>」は、農家などで農具などを入れておく倉庫のことです。

 1 のうや   2 なや
 3 なつや   4 なんや

4 門限にちょっとでも遅れたら、父の<u>雷</u>が落ちるよ。

 1 いかり   2 くも
 3 いきなり   4 かみなり

5 電車で席の<u>隅</u>に座っている人が降りたら、隣にいた人がその席に移って座るのをよく見る。

 1 よこ   2 はし
 3 すみ   4 そば

問題2 ＿＿＿＿の言葉を漢字で書くとき、最もよいものを1・2・3・4から一つ選びなさい。

1 <u>いど</u>0度の赤道では、様々な不思議な現象(げんしょう)が見られる。

　1 違度　　　　　　　　2 緯度
　3 衛度　　　　　　　　4 偉度

2 娘が入学するので、小学生用のリュックサックと<u>すいとう</u>を買った。

　1 水同　　　　　　　　2 水洞
　3 水筒　　　　　　　　4 水銅

3 スマホのバッテリーが<u>ばくはつ</u>するケースが多発したことで、S社はリコールを発表した。

　1 爆発　　　　　　　　2 爆廃
　3 暴発　　　　　　　　4 暴廃

4 日本<u>れっとう</u>は四方を海に囲まれた島国です。

　1 裂鳥　　2 裂島　　3 列鳥　　4 列島

5 光は水やガラスに入ると<u>くっせつ</u>する。

　1 尾折　　2 尿折　　3 屈折　　4 掘折

問題3 （　　　）に入れるのに最もよいものを1・2・3・4から一つ選びなさい。

1 フリーマーケットは（　　）天候のため中止となった。

　1 雨　　2 曇　　3 嵐　　4 悪

2 店員は偽物ブランド品を本物だと言って高い値段で売り(　　)。

1 おしんだ　　　　　　　　2 かけた
3 つけた　　　　　　　　　4 きれた

3 火星に知的生命体が存在する可能(　　)はゼロに近い。

1 性　　　　　　　　　　　2 的
3 率　　　　　　　　　　　4 製

4 遺産相続の(　　)続きは複雑で様々な法律上のルールがあります。

1 肩　　　　　　　　　　　2 手
3 腕　　　　　　　　　　　4 指

5 新しい職場になかなか上手く(　　)込めない。

1 入り　　　　　　　　　　2 立て
3 溶け　　　　　　　　　　4 申し

問題4 (　　　　)に入れるのに最もよいものを1・2・3・4から一つ選びなさい。

1 今度のテストはきっと難しいだろうと思ったが、(　　)簡単だった。

1 案外　　　　　　　　　　2 実際に
3 意外に　　　　　　　　　4 率直に

2 旅行に行くと、ついお金を使いすぎて(　　)が出ることが多い。

1 手　　　　　　　　　　　2 足
3 舌　　　　　　　　　　　4 汗

3 視聴者から「この番組は子供の教育上好ましくない」という(　)が殺到している。

　　1 苦痛　　　　　　　　　　2 苦情
　　3 苦悩　　　　　　　　　　4 苦手

4 私は毎年、眺めの良い(　)に登って初日の出を拝む。

　　1 谷　　　　　　　　　　　2 海
　　3 浜辺　　　　　　　　　　4 丘

5 彼は口が(　)から、絶対に秘密を漏らさないと思う。

　　1 重い　　　　　　　　　　2 堅い
　　3 上手い　　　　　　　　　4 軽い

6 杉山君は(　)した新入社員だ。何を任せてもミスがない。

　　1 うっかり　　　　　　　　2 はっきり
　　3 しっかり　　　　　　　　4 すっかり

7 親の顔に(　)を塗るようなことをしてしまった。

　　1 泥　　　　　　　　　　　2 土
　　3 炭　　　　　　　　　　　4 墨

問題5　＿＿＿の言葉に意味が最も近いものを1・2・3・4から一つ選びなさい。

1 彼のような真面目な人より、面白い人の方が私の<u>タイプ</u>です。

　　1 話し手　　　　　　　　　2 派手
　　3 相手　　　　　　　　　　4 このみ

2 おじいちゃんは孫(まご)のためにおもちゃをこしらえた。

　　1 組み立てた　　　　2 作った
　　3 購入した　　　　　4 取り寄せた

3 確かに上司はけむたい存在である。

　　1 嫌な　　　　　　　2 頼れる
　　3 尊敬できる　　　　4 厳しい

4 ベストを尽くすだけでは勝てない。

　　1 攻撃　　　　　　　2 反撃
　　3 最善　　　　　　　4 最高

5 海外で留学していた時、畳(たたみ)が懐かしかった。

　　1 うらやましかった　　2 こいしかった
　　3 かしこかった　　　　4 このましかった

問題6 次の言葉の使い方として最もよいものを1・2・3・4から一つ選びなさい。

1 寿命

　　1 退職したら故郷へ帰って、のんびりと寿命を楽しむつもりです。
　　2 寿命にかかわるような病気ではないので、ご安心ください。
　　3 この電子辞書は10年以上も使っているので、もうそろそろ寿命だろう。
　　4 彼は社会福祉と世界平和のために寿命を捧(ささ)げた。

2 補充

1 プリンターのインクがなくなったので、補充しておいた。
2 今週の土曜日に補充授業がある。
3 理解を助けるために、補充説明を加えた。
4 松井選手の満塁(まんるい)ホームランで、この回で4点補充した。

3 かえって

1 彼は政治家というよりもかえって商人(しょうにん)だ。
2 彼は止めるとかえって意地(いじ)になる。
3 名よりもかえって実を選ぶ。
4 彼女は歌手というよりかえって女優である。

4 向き

1 彼女はアニメの声優向きの声を持っている。
2 外国人観光客向きの料理教室も運営しています。
3 日本向きの輸出(ゆしゅつ)車はみんな右に運転席がある。
4 ここは障害者向きの公共施設もあります。

5 そろう

1 祭りを取材するため、国内だけでなく外国のメディアまでそろってきた。
2 「ちりもそろえば山となる」というから、一日一個の英単語を覚えていこう。
3 もう少しお金がそろったら、車を買い替えるつもりです。
4 全員がそろうまでバスは出発できない。

실전 모의테스트

問題1 ＿＿＿の言葉の読み方として最もよいものを、1・2・3・4から一つ選びなさい。

1 彼女は戦後民主化のために 生涯(しょうがい)を捧げた。

　　1 かかげた　　　　　　　2 つげた
　　3 かしげた　　　　　　　4 ささげた

2 子供のころ「米一粒でも無駄にしてはいけない」と、親によく言われていた。

　　1 こぶ　　　　　　　　　2 つぶ
　　3 いね　　　　　　　　　4 こめ

3 「馬子(まご)にも衣装」というのは、つまらぬ者でも外見を飾ると立派に見えるという意味です。

　　1 ふくそう　　　　　　　2 ふくしょう
　　3 いそう　　　　　　　　4 いしょう

4 工事がまだ終わっていないので道路が凸凹になっています。

　　1 とつめん　　　　　　　2 でこぼこ
　　3 おうとつ　　　　　　　4 えんとつ

5 漁師たちにとって、天気の情報は大変重要なものだ。

　　1 りょうし　　　　　　　2 ぎょうし
　　3 りょし　　　　　　　　4 ぎょし

問題2 ＿＿＿の言葉を漢字で書くとき、最もよいものを1・2・3・4から一つ選びなさい。

1 海外旅行で家を空けている間に、空き巣にしんにゅうされた。

　　1 浸入　　　2 侵入　　　3 掃入　　　4 婦入

2 彼はその決定に反対するむねを伝えた。

　　1 旨　　　　2 指　　　　3 脂　　　　4 胸

3 来年度の大まかな日程は後日、ホームページを通してけいじします。

　　1 形事　　　2 掲示　　　3 刑事　　　4 渇示

4 釣れた小魚はその場で全部、川にはなしてやった。

　　1 放して　　2 防して　　3 訪して　　4 肪して

5 油絵の具を油でよくといて、絵を描いた。

　　1 解いて　　2 溶いて　　3 説いて　　4 容いて

問題3 （　　　）に入れるのに最もよいものを1・2・3・4から一つ選びなさい。

1 彼は電話を切るなり、食べ（　）ラーメンをそのままにして外へ飛び出していった。

　　1 きった　　2 ぬいた　　3 かけた　　4 かかった

2 せっかくスキー場に行くなら、1（　）2日で楽しみたい。

　　1 拍　　　　2 伯　　　　3 泊　　　　4 迫

3 お酒をたくさん飲んだ直後に入浴することは、とても危険なので(　)注意です。

1 票　　　　　　　　　　2 標
3 要　　　　　　　　　　4 腰

4 東京スカイツリーから見(　)夜景は、言葉で言い表せないほど美しかった。

1 下ろした　　　　　　　2 下げた
3 落とした　　　　　　　4 守った

5 電車の中で(　)遠慮に騒ぐ女子高校生たちにお年寄りが怒っていた。

1 否　　　　　　　　　　2 不
3 非　　　　　　　　　　4 無

問題4　(　　　)に入れるのに最もよいものを1・2・3・4から一つ選びなさい。

1 少し走ったところで、石に(　)転んでしまった。

1 かけられて　　　　　　2 つまずいて
3 しゃがんで　　　　　　4 はさんで

2 私の場合、背中が敏感(びんかん)でマッサージしてもらうと(　)たまらない。

1 てれくさくて　　　　　2 かゆくて
3 ずきずきして　　　　　4 くすぐったくて

3 フランスでは食事中に「鼻をすする」より「鼻をかむ」方が食事の(　)だそうです。

1 コース　　　　　　　　2 サービス
3 ナプキン　　　　　　　4 エチケット

4 何があったわけでもないのに、なんとなく(　)が優れない。

　　1 気楽　　　　　　　　　　　2 気分
　　3 気配　　　　　　　　　　　4 気味

5 奨学金の申し込みに関する(　)は、在学する学校の奨学金担当窓口までお願いします。

　　1 問い合わせ　　　　　　　　2 居合わせ
　　3 打ち合わせ　　　　　　　　4 待ち合わせ

6 そんなに(　)ばかりいないで、真面目に考えなさい。

　　1 くだけて　　　　　　　　　2 ふざけて
　　3 もうけて　　　　　　　　　4 たすけて

7 父は出社前に新聞に(　)目を通すことが習慣になっている。

　　1 ぞっと　　　　　　　　　　2 ざっと
　　3 じっと　　　　　　　　　　4 そっと

問題5　_____の言葉に意味が最も近いものを1・2・3・4から一つ選びなさい。

1 このタブレットのおかげで大いに<u>手間</u>が省けた。

　　1 苦情　　　　　　　　　　　2 苦労
　　3 完成　　　　　　　　　　　4 簡潔

2 彼女は<u>しきりに</u>ケータイをいじっていた。

　　1 楽しく　　　　　　　　　　2 そっと
　　3 すばやく　　　　　　　　　4 しばしば

3 この映画は政界の不正を暴露した映画だ。

1 あばいた　　　　　　　　2 知らせた
3 あばれた　　　　　　　　4 公開した

4 お父さんはいやいやながら承知してくれた。

1 許可　　　　　　　　　　2 理解
3 通知　　　　　　　　　　4 納得

5 私が作った料理を旦那(だんな)にけなされて腹が立って仕方がない。

1 美味しいと言われて　　　　2 不味いと言われて
3 口にしなくて　　　　　　　4 捨てられて

問題6 次の言葉の使い方として最もよいものを1・2・3・4から一つ選びなさい。

1 にっこり

1 私と目が合うと、彼女はにっこりと笑った。
2 太郎君は漫画を読みながら一人でにっこり笑っていた。
3 私は亡き祖母ににっこりだとよく言われている。
4 星がにっこり見える冬の夜空が好きです。

2 済む

1 社長は「この仕事を今日中に絶対済んで」と指示したが、それは無理に決まっている。
2 これは謝って済むような問題ではない。
3 時間がなくて昼食はパンとコーヒーで済んだ。
4 今週で春休みが済んで来週からは新学期が始まる。

3 改正

1 この辞書は１０年ぶりに改正されるそうです。
2 洪水で寸断された道路の改正工事が行われている。
3 今の道路交通法は改正されるべき部分が多い。
4 来年から新幹線の運賃が５パーセントアップに改正されるということだ。

4 楽

1 旧友との久しぶりの再会を楽にしています。
2 彼とは仕事のことはもちろん、何でも楽に話せる間柄です。
3 楽的な人は、ストレスがたまりにくいと言われている。
4 ６０歳までに住宅ローンを返済し、老後は楽に暮らしたい。

5 たっぷり

1 息子はサッカーの練習でよほど疲れているのかたっぷり眠っている。
2 親にばれないように家をたっぷり抜け出した。
3 私は朝、トーストにバターをたっぷり塗って食べるのが好きです。
4 母の誕生日をたっぷり忘れていた。

정 답

〈Part 01〉

問題1	1	2	3	4	5		
	2	**1**	**2**	**4**	**2**		
問題2	1	2	3	4	5		
	2	**2**	**3**	**1**	**2**		
問題3	1	2	3	4	5		
	4	**1**	**2**	**3**	**1**		
問題4	1	2	3	4	5	6	7
	3	**1**	**2**	**4**	**3**	**1**	**4**
問題5	1	2	3	4	5		
	2	**4**	**3**	**1**	**4**		
問題6	1	2	3	4	5		
	2	**2**	**3**	**4**	**1**		

〈Part 02〉

問題1	1	2	3	4	5		
	2	**1**	**1**	**4**	**2**		
問題2	1	2	3	4	5		
	1	**3**	**2**	**4**	**3**		
問題3	1	2	3	4	5		
	4	**2**	**3**	**1**	**2**		
問題4	1	2	3	4	5	6	7
	2	**3**	**1**	**4**	**1**	**2**	**2**
問題5	1	2	3	4	5		
	4	**2**	**1**	**2**	**4**		
問題6	1	2	3	4	5		
	1	**3**	**2**	**4**	**3**		

〈Part 03〉

問題1	1	2	3	4	5		
	1	**2**	**3**	**2**	**1**		
問題2	1	2	3	4	5		
	4	**3**	**1**	**2**	**2**		
問題3	1	2	3	4	5		
	3	**2**	**3**	**1**	**2**		
問題4	1	2	3	4	5	6	7
	4	**1**	**3**	**4**	**2**	**1**	**3**
問題5	1	2	3	4	5		
	3	**2**	**1**	**4**	**3**		
問題6	1	2	3	4	5		
	4	**2**	**2**	**1**	**4**		

〈Part 04〉

問題1	1	2	3	4	5		
	3	1	2	4	4		
問題2	1	2	3	4	5		
	1	3	2	4	3		
問題3	1	2	3	4	5		
	3	1	4	2	2		
問題4	1	2	3	4	5	6	7
	1	2	4	3	3	1	4
問題5	1	2	3	4	5		
	3	3	4	1	2		
問題6	1	2	3	4	5		
	3	2	4	3	3		

〈Part 05〉

問題1	1	2	3	4	5		
	2	1	4	3	1		
問題2	1	2	3	4	5		
	2	3	1	4	2		
問題3	1	2	3	4	5		
	3	4	1	2	3		
問題4	1	2	3	4	5	6	7
	2	3	1	2	4	3	1
問題5	1	2	3	4	5		
	1	2	3	4	3		
問題6	1	2	3	4	5		
	3	3	1	4	1		

〈Part 06〉

問題1	1	2	3	4	5		
	1	2	3	4	2		
問題2	1	2	3	4	5		
	2	4	1	3	2		
問題3	1	2	3	4	5		
	3	1	2	4	2		
問題4	1	2	3	4	5	6	7
	1	3	4	2	3	3	2
問題5	1	2	3	4	5		
	3	4	3	1	4		
問題6	1	2	3	4	5		
	2	1	2	3	3		

〈Part 07〉

問題1	1	2	3	4	5
	4	2	2	1	3
問題2	1	2	3	4	5
	1	2	4	3	2

問題3	1	2	3	4	5		
	1	**2**	**3**	**4**	**1**		
問題4	1	2	3	4	5	6	7
	3	**4**	**2**	**1**	**4**	**2**	**3**
問題5	1	2	3	4	5		
	1	**3**	**2**	**1**	**4**		
問題6	1	2	3	4	5		
	2	**1**	**3**	**1**	**2**		

〈Part 08〉

問題1	1	2	3	4	5		
	2	**1**	**4**	**3**	**1**		
問題2	1	2	3	4	5		
	2	**1**	**4**	**3**	**2**		
問題3	1	2	3	4	5		
	3	**1**	**4**	**2**	**3**		
問題4	1	2	3	4	5	6	7
	2	**1**	**3**	**4**	**2**	**4**	**4**
問題5	1	2	3	4	5		
	3	**3**	**4**	**1**	**2**		
問題6	1	2	3	4	5		
	3	**1**	**2**	**4**	**2**		

〈Part 09〉

問題1	1	2	3	4	5		
	3	**1**	**2**	**4**	**1**		
問題2	1	2	3	4	5		
	4	**2**	**1**	**3**	**1**		
問題3	1	2	3	4	5		
	1	**3**	**2**	**4**	**2**		
問題4	1	2	3	4	5	6	7
	3	**2**	**1**	**4**	**1**	**2**	**3**
問題5	1	2	3	4	5		
	2	**3**	**4**	**1**	**2**		
問題6	1	2	3	4	5		
	4	**2**	**1**	**3**	**2**		

〈Part 10〉

問題1	1	2	3	4	5		
	2	**1**	**4**	**3**	**2**		
問題2	1	2	3	4	5		
	3	**1**	**2**	**4**	**3**		
問題3	1	2	3	4	5		
	2	**3**	**1**	**4**	**3**		
問題4	1	2	3	4	5	6	7
	1	**2**	**3**	**3**	**4**	**1**	**2**
問題5	1	2	3	4	5		
	2	**1**	**4**	**3**	**1**		

問題6	1	2	3	4	5
	2	1	1	4	1

〈Part 11〉

問題1	1	2	3	4	5		
	2	1	4	3	1		
問題2	1	2	3	4	5		
	3	3	4	3	1		
問題3	1	2	3	4	5		
	2	3	2	3	4		
問題4	1	2	3	4	5	6	7
	3	2	3	2	4	1	3
問題5	1	2	3	4	5		
	2	4	1	2	2		
問題6	1	2	3	4	5		
	1	1	1	3	2		

〈Part 12〉

問題1	1	2	3	4	5		
	3	1	2	4	3		
問題2	1	2	3	4	5		
	2	3	1	4	3		
問題3	1	2	3	4	5		
	4	3	1	2	3		
問題4	1	2	3	4	5	6	7
	1	2	2	4	2	3	1
問題5	1	2	3	4	5		
	4	2	1	3	2		
問題6	1	2	3	4	5		
	3	1	2	1	4		

〈실전 모의테스트〉

問題1	1	2	3	4	5		
	4	2	4	2	1		
問題2	1	2	3	4	5		
	2	1	2	1	2		
問題3	1	2	3	4	5		
	3	3	3	1	4		
問題4	1	2	3	4	5	6	7
	2	4	4	2	1	2	2
問題5	1	2	3	4	5		
	2	4	1	1	2		
問題6	1	2	3	4	5		
	1	2	3	4	3		

작렬 新 JLPT 일본어능력시험 N2 문자·어휘

초판 2쇄 발행 2019년 5월 25일

지은이 | 이규환
펴낸곳 | 제일어학
펴낸이 | 배경태
디자인 | 이주연

주소 | 서울시 마포구 공덕동 463 현대하이엘 1728호
전화 | 02-3471-8080
팩스 | 02-6008-1965
e mail | liveblue@hanmail.net
등록 | 1993년 4월 1일 제 25100-2012-24호

정 가 | 9,000원
ISBN 978-89-5621-079-7 13730

이 책은 제일어학이 저작권자와의 계약에 따라 발행한 것이므로,
본사의 허락 없이 어떠한 형태나 수단으로도 이용하지 못합니다.

• 잘못 만들어진 책은 바꿔 드립니다.

국립중앙도서관 출판시도서목록(CIP)

(작렬) 新 JLPT 일본어능력시험 N2 문자 · 어휘 / 지은이
: 이규환. -- 서울 : 제일어학, 2017
    p. ;   cm

본문은 한국어, 일본어가 혼합수록됨
ISBN 978-89-5621-079-7 13730 : ₩9000

JLPT[Japanese-Language Proficiency Test]

730.77-KDC6
495.6-DDC23   CIP2017005181